誰でもたった1人でできる

絶対にあきらめない
生活保護
受給マニュアル

田村　宏
TAMURA HIROSHI

同文舘出版

まえがき

この本を手に取られた読者のみなさん、本書を読んで実行に移せば、いまの貧窮状況を打開する、一筋の光明が見えてくることでしょう。

本書では、**生活保護の受給権獲得のための最短距離を、生活者の立場に立って伝授**します。そもそも国民のだれもが困ったときに生活保護を申請するのは至極当然のことであり、かっこ悪いことでも、恥ずかしいことでもありません。国民が生きるための権利なのですから。

かつてない不況と物価高、格差社会の中で貧困に苦しみ、絶望に打ちひしがれている多くのみなさん、困窮しているのはあなた方だけではありません。

名だたる大企業が空前の利益を上げる一方、その収益構造から弾き飛ばされた貧困層の拡がりは日本全土を覆い尽くしています。

現代は、非正規雇用全盛の時代です。仕事に就いても十分な収入が得られず、リストラされても雇用保険では救済されず、老後になっても年金があてにできなくなるに至り、もはや個人の努力だけでは絶望的な困窮状態から這い上がれなくなっています。

富める者と貧困層の二極化は旧来の社会保障制度を崩壊させ、ともに支え合う仕組みの劣化と日本人の共生意識さえ木っ端微塵《こっぱみじん》にしています。

限られた経済弱者だけでなく、一般国民をも困窮状態に追いやるいまの経済構造は、支え合いの仕組みである現行の年金制度や各種保険制度を骨抜きにし、国家財政への付け回しという巨額な負担と破綻を招いています。まさに、国民にとって借金まみれ生活のはじまりです。

だからこそ、借金すらできない貧困層が頼りにし、また破綻しかかった社会保障制度が最後の拠り所とするのが、本書のテーマである「生活保護」に他ならないのです。

近々、〝国民皆生活保護時代〟が到来するでしょう。そこで、生活保護制度をわかりやすく使いやすい制度に改善していきたいというのが、私の問題意識としてあります。保護を受ける側自身が制度を利用しやすくするような実績を積み重ねていくことが、重要であると考えているのです。

私はこれまで、神奈川県内の福祉事務所2か所で通算10年あまり、ケースワーカー（生活保護を受けようとする人やすでに受けている人の相談や調査、判定などを担当する行政の職員）をしてきました。福祉の扱う分野には高齢者や児童、障害、母子、生活保護など、さまざまなものがありますが、なかでも私は、生活保護の分野に携わっていました。担当エリアは一般地域だけでなく、**簡易宿泊所**（敷金や礼金がなく、1泊単位で泊れる宿）のある、いわゆるドヤ地域も担当しました。そして、ケースワーカーや福祉事務所の面接係として、また、地区担当者としては100世帯あまりを、それぞれ交互に担当してきました。

ときには、保護費の前借りや最低生活費のベースアップを要求されるなど、一行政職員としては無理難題と思われるようなケースにも、たびたび直面してきました。そんな中、生活に苦しむ方々のために、できることとできないことをきちんと整理した上で説明し、その手助けができるよう日々努力していくことが、ケースワーカーとしての私の役割であると思うようになりました。

本書は、そのような私の経験をもとに書いたものです。この本を手に取られたみなさんにいま私が伝えたいこと、それは「役所の扉を開けてみてください」ということです。

生活保護費を申請することに対して、怖がる必要はまったくありません。福祉の原理原則論で言うと、**困った事情に個別的な重大性と客観的な深刻さが認められれば、間違いなく生**

活保護を受けられるのです。意外に思われるかもしれませんが、役所の扉というのは、困窮した人に向かって開かれているものなのです。これが、福祉事務所で長年生活保護担当の職員をしてきた私の実感です。

ただ、あなたが役所に行ったとき、たまたま担当した職員や、地域的な特性などによって、生活保護の受理を引き延ばされる可能性もあります。そこで、本書を前もって読んでおくことで心の準備を整え、生活保護適用の即断、即決を促す取り組みをはじめましょう。

とりわけ、生活保護基準以下で暮らしている若い世代のワーキングプア層や高齢者、障害者、失業者、母子家庭のみなさんには、やせ我慢は止めて福祉事務所に出かけていただきたいと思います。病気や失業、貧困などを原因として自殺者が10年連続で3万人を超えている現在ほど、生活保護という制度の活用が求められています。

本来、生活保護はみなさんの味方なのです。もしあなたが地元の福祉事務所の窓口に出かけて行って、保護を受けられなかったばかりに餓死事件を招いてしまった北九州市のような対応を受けてしまうようなことがあれば、私宛に連絡してください。

2008年6月

田村　宏

CONTENTS

SCENE 1 生活保護を受けよう!

Q1 生活保護の相談に福祉事務所に行くのが恥ずかしい……16

A 生活保護は憲法25条で保障された権利。消費者金融に行くくらいなら福祉事務所へ

Q2 福祉事務所に行くときの心がまえとは?……18

A 生活保護の適用になりたければ、一大決心をして行くこと!

Q3 いったいどのくらいの生活レベルなら適用になるのか?……19

A あなたが、自分の生活レベルに耐えられなくなったときが申請すべきとき

生活保護の実情

生活保護は「申請主義」が原則。待っているだけではもらえない……21

勇気とプライドを持って、堂々と保護受給権を主張しよう!……23

SCENE 2 生活保護の仕組みを知ろう！

CONTENTS

SCENE 3 生活保護を受けずに何とかする方法

SCENE 4 とにかく福祉事務所へ行ってみよう！

CONTENTS

SCENE 5 生活保護適用の分岐点とは

SCENE 6 生活保護とのつき合い方

協力／ NPO 法人企画のたまご屋さん、マンガ工場
本文 DTP・装丁／矢部尚子・金知海（虔）
編集／小文パブリッシング（株）

SCENE 1

生活保護を受けよう！

Q1 生活保護の相談に福祉事務所に行くのが恥ずかしい

A 生活保護は憲法25条で保証された権利。消費者金融に行くくらいなら福祉事務所へ

最近の日本経済は先行き不透明で、将来にわたって順風満帆に暮らしていけるという保証もなくなってきました。

そんな中、経済的に行き詰まり、知人や身内に無心する人、中には消費者金融にまで手を出してしまう人も増えています。

しかし、たいていの人はお金に困ったとしても、福祉事務所に行って生活保護の申請をする、という発想には行き着きません。

一般の生活者感覚からすると、福祉事務所に行って相談するなどということは、想像もつかないことなのかもしれません。

バカにされそう、片身が狭い、という思いもあるでしょうし、役所で手続きをすることへのプレッシャーもあるのでしょう。

しかし、消費者金融はお金を貸すときには笑顔で応対してくれますが、結果的には高くつ

くことになるため、お金を借りた人の生活はいっそう苦しくなってしまいます。

だからこそ、**福祉事務所に行って生活保護の相談をすること**をオススメしたいのです。消費者金融などに行くより、よほど健全だからです。

生活に困窮してしまった人が生活保護を受けることは、**日本国憲法25条で保障された国民の権利**です。

本来、生活保護を受けることをバカにされるようなことなどあってはならないことだし、もし対応した役所の職員が、申請者に対して見下すような態度を取るようなことがあれば、公務員の資質の問題として断固抗議すべきでしょう。

Q2 福祉事務所に行くときの心がまえとは?

A 生活保護の適用になりたければ、一大決心をして行くこと!

いざ、生活保護を申請しに福祉事務所に行くことになったとして、いちばんよくないのは、中途半端な気持ちでのぞむことです。そもそも、福祉事務所に行くことを躊躇したり、行ったとしても「適用されればラッキー。儲けもの!」といった程度の感覚であれば、担当員に事態の深刻さを伝えることができないどころか、心の中を見透かされてしまうのがオチだからです。

あなたが、実際にはいくら困っているとしても、「生活保護が、もらえてももらえなくても、どちらでもいいや」という中途半端な気持ちで相談している限り、「じゃあ、ご自分で努力すればいいのでは」と思われてしまうのです。

せっかく福祉事務所に出かけるのなら、徒労に終わらぬよう、相談に行く前にきちんと心の準備をしてから出かけましょう。

Q3 いったいどのくらいの生活レベルなら適用になるのか？

A あなたが、自分の生活レベルに耐えられなくなったときが申請すべきとき

よく、「最近はネットカフェ難民の人たちが増えているけれど、彼らは生活保護を利用していませんよね。生活保護を受けるハードルはかなり高いんじゃないの？」などという声を聞きます。

しかし、どんなに若い人であっても、生活が破綻しているのであれば、生活保護を受ける権利はあるはずです。

ところで、収入に波があり、生計が不安定な日雇い派遣や文筆業などの人たちは、生活保護を受けたらどんなに楽になるだろう、と年中言っています。では、実際に生活保護はどの程度の困り具合であれば申請できるものなのでしょうか。

たしかに、「困り具合」というのは主観的な表現であって、人それぞれでしょう。月収50万円もらっていても、超がつくほどブランド好きの人なら足りないと感じるでしょうし、月収数万円の収入しかなくても、心にゆとりを持って生活している人もいます。たとえば、

私の知り合いの一人暮らしの老婦人などは、月20万円以上の年金をもらい、広い一軒家に住み、多額の金融資産を運用しながらも、毎月の食費は1万円前後であると言っています。

極論はさておき、生活保護の最低生活費以下で暮らしている人は、実際に被保護世帯の4～5倍はいるという研究報告もあり、困っているはずなのにみな我慢してしまっているのでしょう。

とはいえ、我慢しきれなくなったと感じたときこそが、その人にとってほんとうに困ったときなのではないでしょうか。

ただ、病気も障害もない若者が福祉事務所の相談係に現われようものなら、くわしい事情も聞かれず、「若いんだからがんばれ」、「怠けていないで仕事しろ」、「親元に帰ったらどうだ」などと一方的に説教されることも多いでしょう。

しかし、そこで引き下がってしまっては、少しでも自分たちの仕事を減らしたいと思っている行政側の思うつぼです。

いまや、生活保護受給世帯は100万世帯を超え、今後もますます増加する勢いですが、それ以上に困窮している世帯が放置されている現実にこそ、もっと目を向けるべきなのです。

生活保護の実情

生活保護は「申請主義」が原則。待っているだけではもらえない

ある人に就労意欲があっても失業してしまったり、就労していても収入が極端に少なかったりするとき、また高齢者で年金収入がなかったり、あっても極端に少ないときに生活費が底をつけば、生活をしていく見通しが立たなくなります。

さらに、病気や障害になって病院の治療費さえ払えなくなれば、生きていくこともままなりません。

このように、さまざまな障害が重なって苦しい状態に置かれていることが、客観的に認められ、なおかつ他の救済手段のあてが何もないという場合になって、はじめて最後の切り札である**公的扶助制度**（税金を使って国と地方自治体が実施する制度）、「生活保護」の出番となります。

とはいえ、**生活保護は当事者自らの意思で申請しない限り、原則として適用されることはありません（申請主義）。**具体的な困窮の実態が伝わらなければ、公的にはどうすることもできないのです。

具体的な申請の仕方としては、まず、各自治体が管轄する福祉事務所の窓口で行ないます。福祉事務所がない地域では、都道府県が管轄する出張所がその役割を果たします。

どこに行っても変わらないのは、生活保護は本人自ら福祉事務所に出向き、口頭もしくは文書で申請するということです。

ただ、本人の困窮度や関係書類のそろい具合などによって、申請がすぐに受け付けられる場合と引き延ばされる場合があります。

生活保護の実情

勇気とプライドを持って、堂々と保護受給権を主張しよう！

わが国では、生活困窮者が生活保護を受けることを躊躇し、恥ずかしくて権利の行使ができないという傾向が昔から強く、本来受けることができる保護受給権が失われてしまっています。

多くの人にとって、自分の生活のことで福祉事務所などに問い詰められたり、生計を丸ごと国の世話になったりすること自体、恥ずかしいとか、無理強いしているとも感じるようです。また、近所に知られたら惨めなので、他人に申請手続きを頼みたいとまで思っている人も少なくないようです。

申請することが恥ずかしいと思っても、生活保護は緊急時などの例外を除き、本人や同居家族が申し立てなければなりません。

他人が代理で申請に行けば、思わぬ行き違いやプライバシー侵害の問題などでトラブルのもとになってしまうこともあるからです。

生活保護の認定が日本一厳しいと言われる北九州市でさえ、生活の困窮実態を正面から訴えれば、保護の申請が却下されることはないはずです。認定のハードルが高いという神話ができてしまってはいますが、貧困に陥ったという事実に勝るものはありません。

左記アンケート結果は、生活保護にからんで餓死事件の発生した北九州市で、一般市民3000人を抽出して行なわれたものです。市の生活保護行政に対して、多くの市民は漠然とした不安感を抱いている様子がうかがえます。

これは、北九州市に限らずどこの福祉行政に対しても、市民が漠然と思い描いているイメージであると思われます。

しかし、担当者に対してどんなに不信感、不安感を抱いていようが、苦しい現状を放置していたのでは、本人だけではなく家族も巻き込んで病気や飢えに苦しむことになりかねません。

勇気を持って、そして生きるという気概とプライドを持って、生活保護の仕組みを味方につけていこうではありませんか。

最初に、保護申請の手続き上の苦労さえ乗り越えれば、生きる希望と道が拓かれてくるものです。

不安の内容（複数回答）

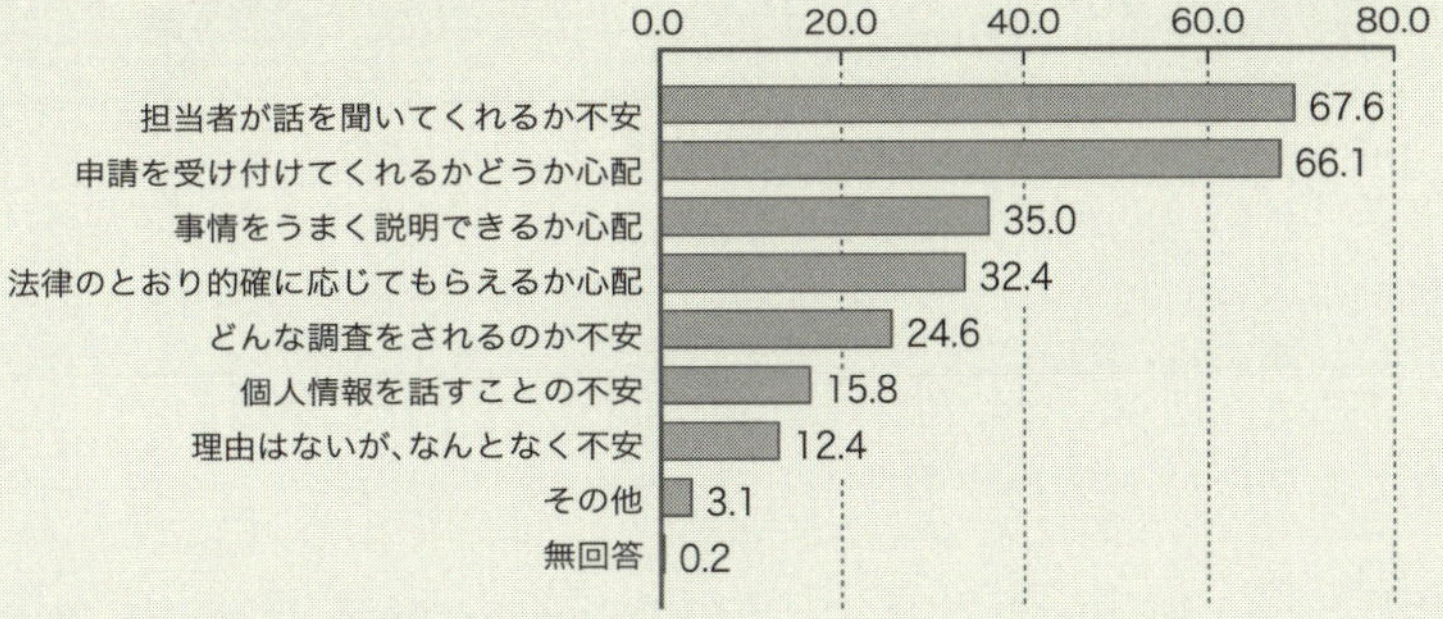

出典：北九州市保健福祉局　2007年

生活保護の相談で区役所に行く場合に感じる不安

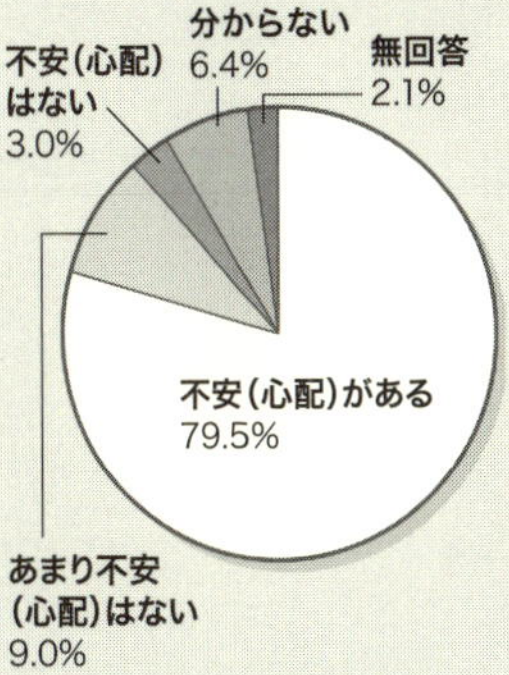

出典：北九州市保健福祉局　2007年

窓口対応のイメージ

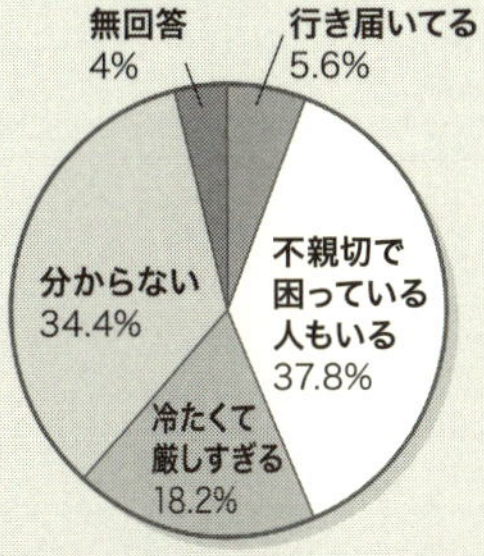

出典：北九州市保健福祉局　2007年

生活保護受給者は年々増えている！

生活保護の受給者はバブル崩壊以降増える一方です。２００４（平成16）年10月には、国内の生活保護受給世帯数が１００万世帯を超え、被保護人員も１４０万人を超えています。

近年の特徴として、単身者の増加など一戸当たりの世帯員数が減っているということが挙げられます。昭和20年代には、被保護世帯数は60万件台でしたが、被保護者数は現在よりはるかに多い２００万人前後で推

■ 被保護世帯数、被保護人員、保護率の年次推移

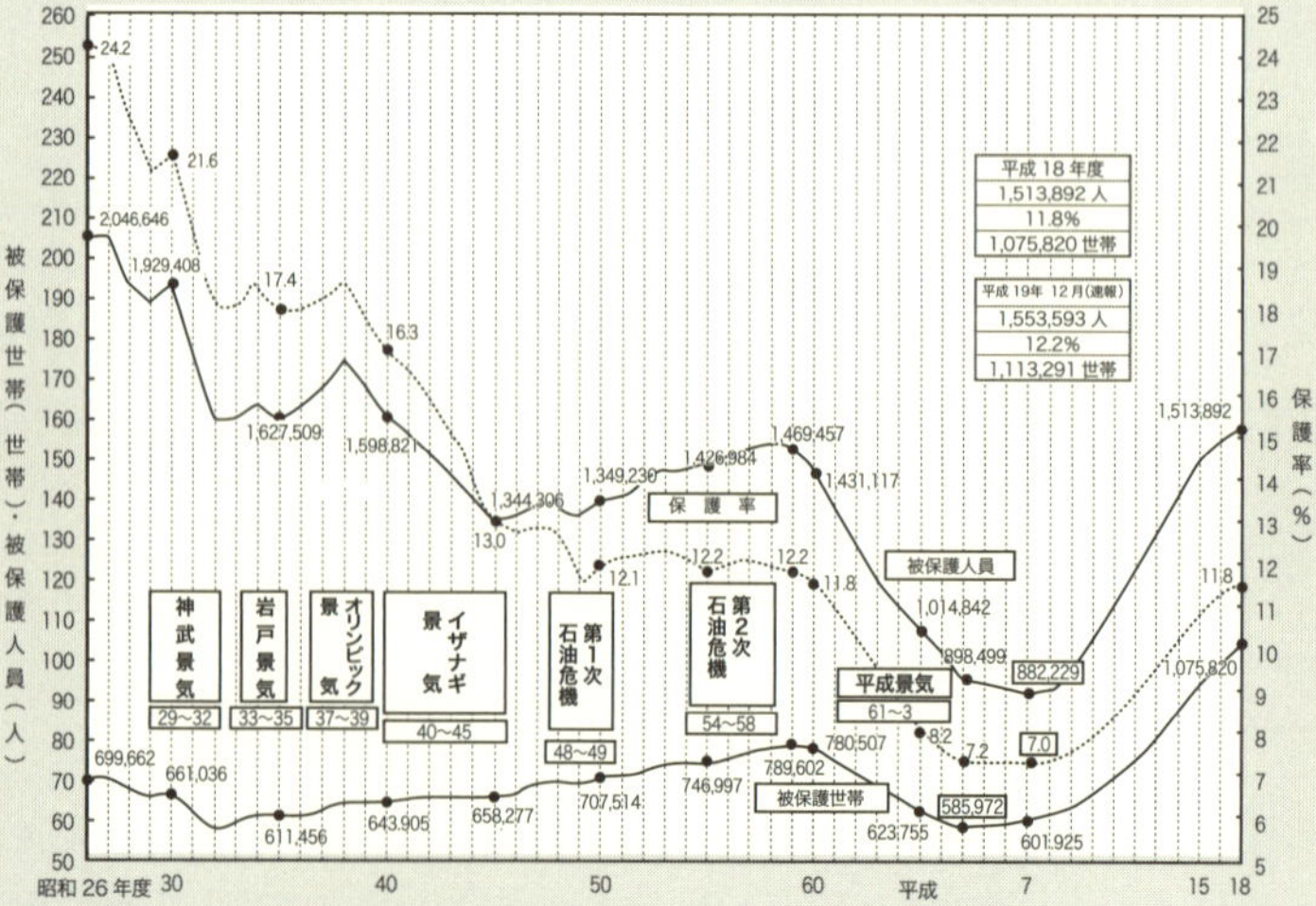

出典資料：福祉行政報告例

移していたのです。昔の家族は大所帯であったため、生活保護世帯も多人数世帯で、丸ごと保護を受けていたからです。

さて、世帯類型別では**高齢者世帯、とくに高齢者単身世帯が増加しています。母子世帯やその他世帯についても増加する傾向**があります。

近年の保護率の上昇は、経済状況の変化によって生じた格差社会の影響を受けたものであると言われています。

■ 世帯類型別の保護世帯数と世帯保護率の推移

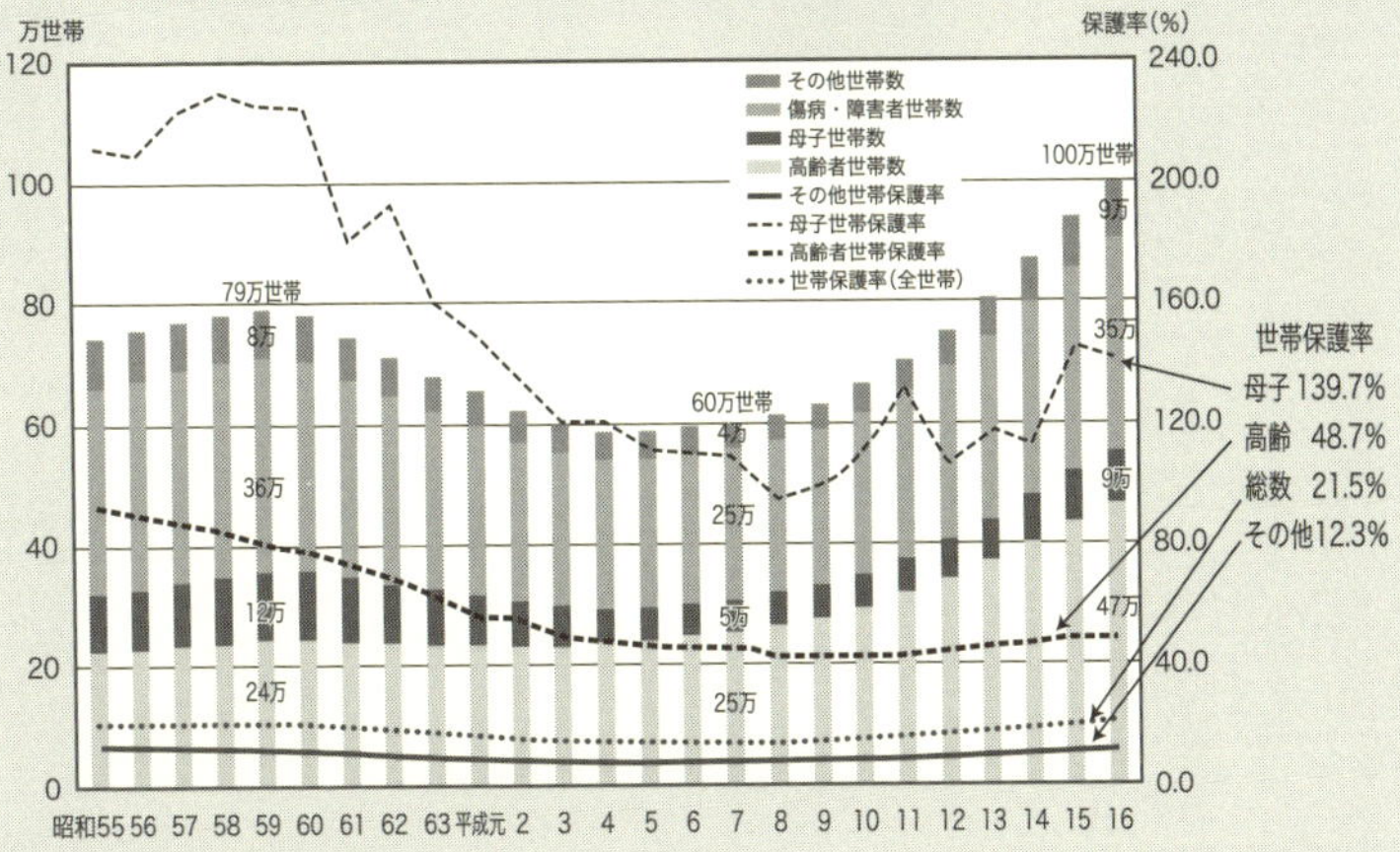

出典資料：福祉行政報告例

「法外対応」でたらい回しにされないよう気をつけよう！

生活保護を申請できると思いきや、現実にはなかなか思いどおりにはいかないものです。世間には、貧困を受け入れる社会的コンセンサスが見当たらない一方、困窮者に対して、「自業自得である」と言わんばかりの風潮があるからです。

たとえば、簡易宿泊所を管轄する福祉事務所の面接係には、寄居先への交通費と称してわずかな電車賃を渡して相談者を帰らせたり、せいぜい一食分の乾パンかパン券を渡して一時の飢えをしのがせたりする**法外対応**という仕組みがあり、これが保護の「引き延ばし」、ないし「たらい回し」につながっています。「法外」というのは「生活保護法以外」で対応するという意味です。

さて、支給される交通費は、相談者を別の場所に行かせるためのもので、生活保護費以外の財源から手当します。といっても相談者は、他の地域にたしかな支援者やあてのある救済機関があるわけではないため、多くの場合、支給されたわずかなお金は飲食費など別の用途で消えてしまいます。そして、いったん受け取ってしまえば、同じ福祉事務所には行きにくくなります。

パン券というのは、600〜700円程度の食品と交換できる金券であり、日雇い労働者の多い地域の福祉事務所で取られる措置です。仕事にあぶれ、無一文になって来所する相談者に対して、おざなりにならない程度に困窮状況を聞きながら、「パン券」に加え「宿泊券」というお泊り券を渡すこともあります。

ただ、これらは闇市場で売買されることもあるので、菓子パンや缶詰など、現物を直接渡している福祉事務所もあります。

お役所は「常識的精神論」で相談者を消耗させる

明らかに、厄介払いに近い対応をしている福祉事務所があり、これを福祉の業界用語では「水際作戦」と言います。つまらない書類上の理由で、何度も相談者を役所に足を運ばせたり、制度の説明に時間をかけることで、多くの人を生活保護から遠ざける作戦です。

こうした、水際作戦の最大の武器は「常識的精神論」と「法外対応」で、相談者を消耗戦に持ち込むことです。中には、職員が横柄な態度を取るといった、お上意識満載の「嫌がらせ」もあります。いくら貧困生活に陥っていようが、これらはまったくお構いなしで実践されます。

その結果、申請者は生活保護が受けられるかどうかがわからないのに、何度も福祉事務所の面接室に足を運ばなければならなくなり、たいへんな労力を強いられます。

しかし、申請者にとって喧嘩に持ち込むのは得策ではありません。相手（役所）には、勝負になったら不利になってしまうと思わせることが大事です。あなたの困窮した生活の実情が、まさに生活保護の対象に値する水準であるということを役所に認識させることができれば話は早いでしょう。

生活保護の実情

「自分で何とかしろ」と言われたら、どうにもならない現実を淡々と訴えよう

年齢の若い人が申請に行った場合、「若いのだから、がんばればいまの窮状など簡単に脱けられるさ。甘いんだよ！」などと、福祉事務所の面接係が安直な精神論を振りかざすことがあります。

しかし、そのような役所側のペースには乗せられず、まさに貧困真っ只中にあるというリアルな現実を話し、自分の努力だけでは現状を解決できないのだということを、真剣に訴えていかなければなりません。

職員に対しては余計な感想などは言わず、事実だけを淡々と述べるにこしたことはありません。

そして、決まりきった常套句で指摘されたときこそ、「待ってました」と言わんばかりに切り返すのです。切羽詰った気持ちが伝わらなければ、大方の福祉の職員は動いてくれることはありませんから、現状の経済的な苦しさをしっかりと認識し、その実態を包み隠さず訴えていくべきです。

ただ単に情に訴えようとすると、同情はされても具体的に救済されるかどうかはわかりません。役所の唱える精神論に、かき消されてしまう恐れすらあります。

しかし、申請者が訴える苦しい現実に客観性があれば、生活保護の適用は可能となります。

どれだけ苦しい生活なのかを整理して話すように心がけ、同時に何がいちばんの問題で、その解決のために役所にどうしてほしいのかを強く訴えましょう。

SCENE 2

生活保護の
仕組みを知ろう！

Q4 確実に生活保護を受けられる条件は？

A 健康で文化的な生活レベルに達していないと客観的に判断されればOK

確実に生活保護を受けるためには、貧困に陥っている事情が明白にあり、仮に就労していても、十分な収入を得られないことが証明される必要があります。

たとえば、65歳以上の高齢者であることや身体障害、知的障害、精神障害、病気、母子世帯などの事情にひとつでも該当しており、そのため生活費を十分稼げない、といったケースです。

とはいえ、最近はそれらの条件に該当しなくても、収入が少なくて生活困窮に陥っているケースが多く、若年層とはいえ生活に困窮していれば、生活保護の対象から外すべきではないと言えます。

また、ネットカフェ難民などは、たとえ彼らに経済力のある親がいたとしても、保護対象者として考慮されるべきなのですが、実際に同居などをしていると、生活保護の**保護要件**（認定されるための条件や環境）は厳しくなります。

さらに、個々の世帯の事情が苦しいと訴えるだけでは生活保護を受けられるとは限りません。他に頼るべき親族等がおらず、活用できる資産や他施策がないことを申し立て、証明することも重要な要件なのです。

その結果、健康で文化的な生活レベルに達していないと客観的に判断されれば、世帯を単位として生活保護が確実に受けられるはずです。

個々のケースが健康で文化的な生活レベルに達しているかどうかは、国が毎年決める最低生活費という尺度を基準にして公的に判断されることになるため、貧しさにも客観性が求められます。

さて、**生活苦を客観的に証明する書類としては、預貯金残高のわかる通帳や収入状況の印刷された給与証明書、年金証書などがあります。もちろん、最新のものが必要ですが、さかのぼって金銭の流れを把握するためにも、過去6か月程度のものがあることが望ましいでしょう。**

Q5 生活保護の「要否判定」が知りたい

A 実際には、個々のケースに応じて判断される

生活保護の適用に当たっては、申請者の「困り具合」を、福祉事務所が持っている客観的な尺度（基準）で判断し、決定されます。そうした仕組みを、業界用語で**要否判定**と言います。以下、ケース別に要否判定に至るまでの手続きと認定基準を見ていきましょう。

①「本人が行かない」

申請に関しては、世帯主ではなく、世帯員が行くことも可能です。世帯主が、高齢で障害でもあればたしかに行きにくいため、当該世帯の実情を熟知した別居の扶養義務者が申請してもかまいません。また、メモに必要事項などの要点を書いてもらって、だれかに役所に持って行ってもらったり、郵送したりすることもあるでしょう。

しかし、役所に無事到達するかどうか、あるいはきちんと読んでもらえるかどうかは不確

かです。そのままゴミ箱に捨てられてしまう可能性もあるため、まずは電話をするのがよいでしょう。

ただし、結局は役所の職員が訪ねて来ることになるため、直接会う必要があります。

②「若いが仕事がない」

生活保護制度では、15歳から64歳までは**稼働年齢層**（就労して生活費を得ることのできる年齢層）として扱われ、よほどの病気や障害でない限り就労するように指導されます。求職活動をしていたとしても、仕事を選んでいるのではないかと勘ぐられることもあります。役所の担当員は、掃除や建築現場での力仕事ならあるはずだと考えるからです。

それでも仕事がなければ、若くても生活保護の対象とすべき、と個人的には思います。

③「仕事はあるが貧しい」

やっとの思いで仕事に就いたとしても収入が低く、生活が成り立たなければどうすればよいのでしょうか。

「もっとがんばれ！」というのが大方の福祉事務所からのメッセージです。ただ、がんばって稼いでも、低収入のため生活が苦しいというワーキングプア層が増えていることは、個人の努力だけでは解決できない問題です。

④「病弱である」

入院するほどではないけれど、病弱な場合、どの程度だったら生活保護を受けられるのでしょうか。

「病弱」というのは難しい表現で、病弱でも就労して、自立している人もいれば、病気でもないのに気力、体力ともすっかり衰え、仕事どころではないという人もいます。

問題なのは、困窮してしまった人が病気のために仕事が見つからず、仮に見つかっても十分な収入が得られず、他にどんな手段を使っても自立できない場合です。「病弱」というだけでは説得力がありません。

最近はインターネットの普及で、病気がちでも家でホームトレーダーとして十分稼ぎがあって自立している人もいます。しかし、一般人は雇われ仕事しかないし、たとえあったとしても肉体労働がほとんどです。病弱では気力も体力も続かないものです。

そこで、まずは「病弱」の定義を明確にするべきでしょう。どんな病気を抱えているのか、それは急性なのか慢性なのか、定期的に病院に行って治療を受けなければならない程度なのかどうか、単に家で静養していればすむのかどうかなど、さまざまなケースがあります。

それを証明するのは、医師になります。この場合、あなたのかかりつけ医でもかまいませんが、福祉事務所が指定した病院になることがままあります。

⑤「介護が必要である」

親が高齢で、わずかな年金収入で暮らしていたり、足腰が衰えて、ヘルパーに来てもらいたい場合の介護費用については、要介護認定されれば介護サービスを受けることができます。費用は1割負担となります。前年度の所得が低ければ1割負担の減免措置もあるため、お住まいの自治体に問い合わせるのがよいでしょう。また、生活保護には介護扶助という仕組みがあります。医療扶助と構造が似ているため、福祉事務所で申請してください。

⑥「複数の収入がある」

複数の収入があっても生活保護は受けられますが、問題なのはその金額と期間になります。金額が多いのか少ないのか、どのくらいの期間にわたって収入が得られるのかが重要です。収入が一定せず、ときどき親から小遣いをもらっているような場合が、生活保護認定に該当することもあります。収入額が一定だと、毎月の保護費の金額は変わりませんが、たとえば日雇派遣など不安定な就労をしている場合は、3か月程度の収入を平均化して支給額が算出されます。さらに、同じ収入でも、就労で得られたものなのか、年金等の収入なのかによって要否判定のやり方が変わります。

収入が、働いたうえでのものなら**勤労控除**（収入を得るために必要な経費等を当該収入額から差し引くこと）という仕組みが使えます。働いた収入だと実際の収入より収入認定額が低くなって、最低生活費より本人受領の総収入額が増えるため、働くほど有利となる仕組みです。つまり、最低生活費より総収入額が増え、働くほど有利になります。ふつう、生活保護を受けている人に年金や仕送りなどの収入があると、その収入額分のすべてが保護費から差し引かれてしまいますが、就労した場合のみ、全額引かれることはないという仕組みです。いわば働いたことに対するご褒美、特典と言えるでしょう。

⑦「資産がある」

この場合、生活保護を受ける前とあとでは対応が違ってきます。受ける前は資産の処分が指導され、受けたあとでは必ずしも使い切る必要はなくなります。毎月の生活保護費の中から少しずつ貯めたものなら許されるのです。

役所の立場としては、まず保護費を渡すことに責任があるため、そのあとに節約して貯めた分については文句は言いません。金額にもよりますが、葬儀費用にあてるなどという名目さえあれば認められます。ただし、それをギャンブルや遊興などに使えば問題となります。

ハイビジョンの液晶テレビやパソコン、携帯電話などを持つことも、保護を受ける前であれば処分するように指導されますが、理由があれば認められる可能性はあります。

パソコンやインターネットに接続するための通信料などの維持費は、仕事をするためであれば経費としての扱いになります。

なお、車の保有に関しては、ガソリン代や駐車場代、保険料などの維持費がかかってしまうため、難しいでしょう。

保有資産で最も扱いが問題となるのは不動産です。とくに、保護申請者が居住中の不動産を処分すべきかどうかは判断に苦しみます。同じ不動産でも、資産としての処分価値を取るのか、居住のための利用価値を取るのか、関係者全員が納得のできる合理的な結論はなかなか出ないものです。

過渡期を迎える生活保護制度。今後は高齢者、障害者以外でも認定されるケースが増える可能性が

前述したように、憲法25条で保障された国民の権利が生活保護制度です。国民が経済的に困窮してしまったとき、さらに親類縁者の援助や資産の活用ができない場合などに限って、世帯を単位として行政による公的な支援が施されるという仕組みになっています。

さて、生活が困窮するにはいろいろな理由がありますが、それらの理由がそのまま生活保護の開始理由となる場合が通例です。

たとえば傷病や障害、母子、高齢などを

保護開始の主な理由別世帯数の構成割合

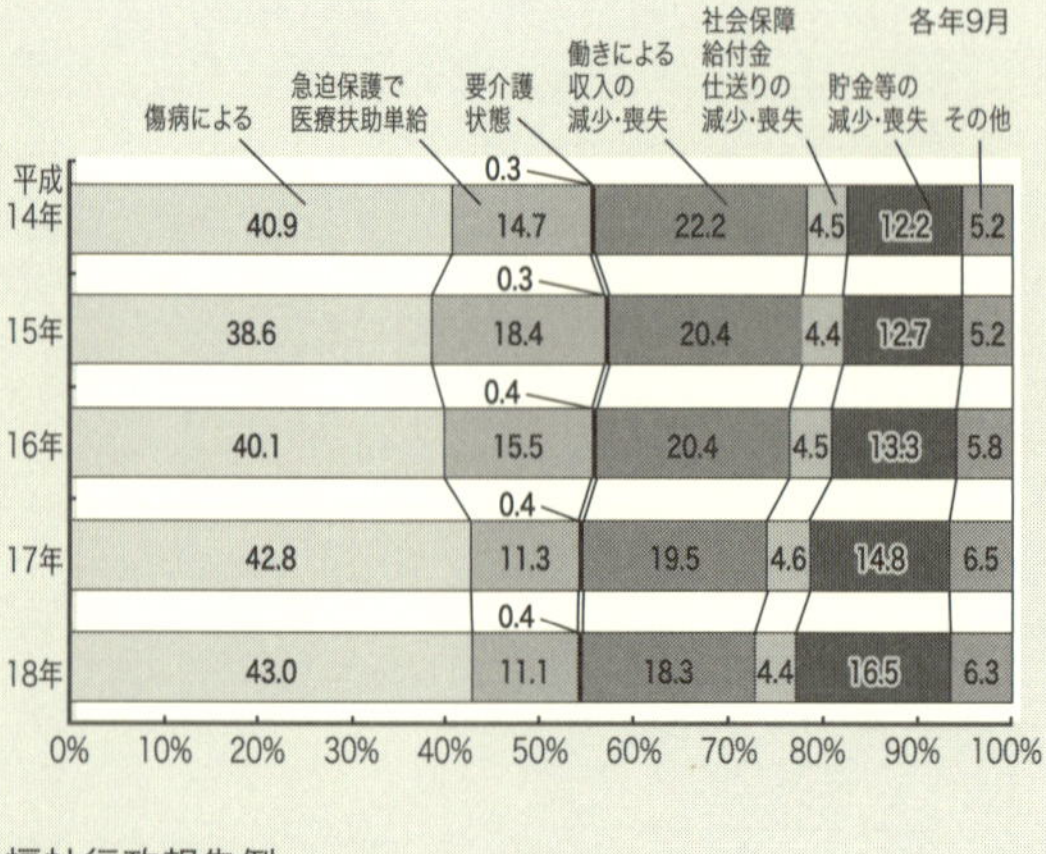

福祉行政報告例

原因とした就労収入の喪失等が貧困の原因となっています。

世帯類型別では、高齢世帯の割合が高く、年金制度の不完全さを生活保護で尻拭いをしているといってもよいのではないでしょうか。雇用保険や年金制度など、さまざまな救済制度が完備していれば、いわば最後の**セーフティネット**（安全網）である、生活保護の出番はなかったはずです。

近年、ネットカフェ難民やフリーター層の増大など、若者の経済的困窮が社会問題化しています。働いても働いても、非正規労働のため自立生活できるほどの収入が得られず、事態は深刻になる一方です。十分すぎるくらい稼働能力を活用しても、収入が低く苦しい生活しかできないのです。

さらに日雇い派遣などの場合は、雇主の都合で働くチャンスすら突然なくなってしまうこともあります。**稼働能力**（就労して生活費を得る能力）を活用する場さえ確保できない事態であれば、若くても生活保護の対象に加えてもよいのではないでしょうか。高齢者、あるいは障害者でなければ相談にも乗ってもらえないという悪弊から、福祉事務所はそろそろ脱却すべき時期に来ているのではないでしょうか。

1か月の平均収入マイナス経費が最低生活費を下回ると認定される

原則論で言うと、実際に生活保護を受けるには、①能力の活用、②資産の活用、③扶養義務の履行、④他法・他施策の活用などのいわゆる「保護要件」を満たしていなければなりません。

これらの要件を充足しても、なお生活を維持することができないときに、その困窮の程度に応じて、生活保護費の支給や医療扶助などの給付が受けられることになります。これを**補足性の原理**と言います。

また、たとえ収入があっても、最低生活費に比べて多いのか少ないのかが保護を受けることができる分かれ目となります。

たとえば、不安定な雇用で収入額に波があるとしても、それを3か月程度にならし、1か月の平均収入額を計算します。**収入認定額（収入額から経費等を差し引いた金額）が世帯の「最低生活費（当該世帯の生活維持のために必要とされる月当たりの金額の合計）よりも下回っている場合に、生活保護を「要する」と判定される**のです。逆に、上回っている場合には生活保護が「不要」と判定され、保護を申請しても却下となります。

さて支援の内容には、金銭による保護費の支給と、医療や介護など現物によるサービス提供があります。

もっとも、これらは経済的に困窮すれば自動的に受けられるものではなく、あくまで当事者が役所に直接出向いて申請しなければなりません。

生活保護の仕組み

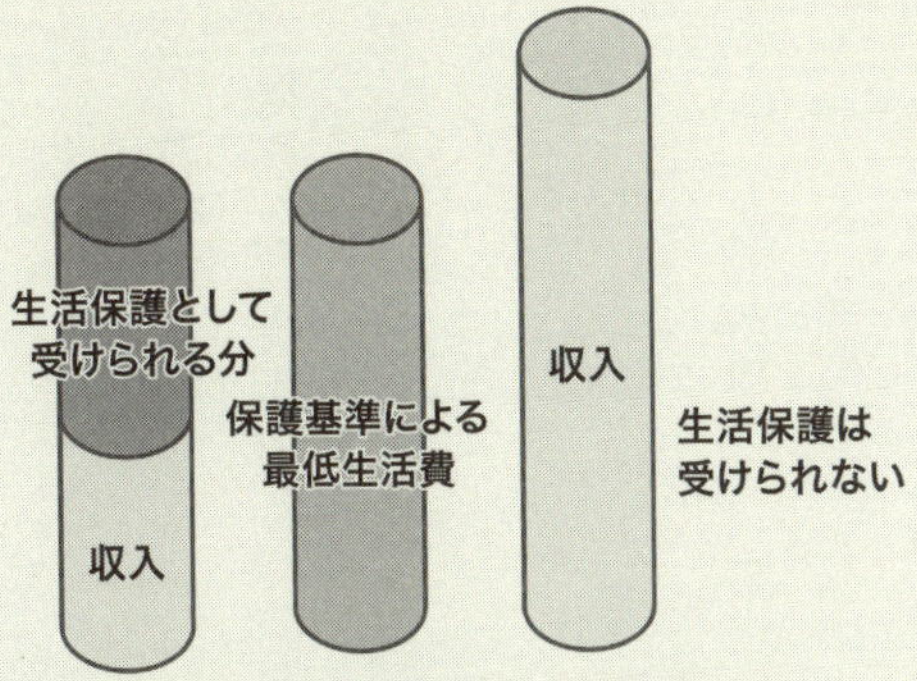

生活保護は、国で定める基準（保護基準）で計算された世帯の最低生活費と世帯の収入を比べて収入の方が少ないときに、その不足する部分を生活保護費として支給される

厚生労働省ホームページより

原則「申請保護」。重病の際の「職権保護」は例外

生活保護を受けるためには、原則的に本人が、福祉事務所に申請をしなければなりません。

しかし、要保護者の傷病が重篤《じゅうとく》であって、申請をする時間的余裕がない状況にあり、放置すると重大な事態を招くなどの急迫した状況にあるときは、福祉事務所の権限（職権）で保護を適用する場合があります。これを、**申請保護**に対して**職権保護**と言います（生活保護法7条但し書）。しかしこれは、あくまでも緊急時の例外事例です。

■ 保護受給に至る手続き

事前の相談 → **保護の申請** → **保護費の支給** → **医療機関への入院、保護施設等への入所**

事前の相談
・生活保護制度の説明
・生活福祉資金、障害者施策等各種の社会保障施策活用の可否の検討

保護の申請
・預貯金、保険、不動産等の資産調査
・扶養義務者による扶養可否の調査
・年金等の社会保障給付、就労収入等の調査
・就労の可能性の調査

1　申請による場合

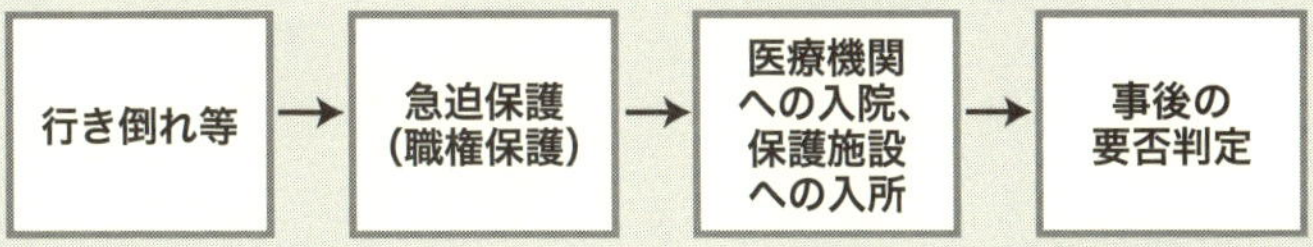

・預貯金、保険、不動産等の資産調査
・扶養義務者による扶養の可否の調査
・年金等の社会保障給付、就労収入等の調査

2　職権による場合

厚生労働省ホームページより

職権保護は、路上で行き倒れている意識不明の人を病院に緊急搬送したような場合、名前や保険証などがわからなくても医療行為を施さなければならないケースに対して、病院が医療費の不払いを危惧することがないよう、所轄の福祉事務所がとりあえず緊急保護するという仕組みです。

これは、職権主義が申請保護の原則を補完し、実質的に要保護者の権利保障を実現するという法意でもあり、生活保護法の**必要即応の原則**に照らしても適切かつ妥当な処置と言えます。必要即応とは、個別困窮者の実情に応じた医療の措置や金銭的対応を、速かに行政の責任で実施するという意味です。

もっとも、生活保護が開始となったものの、その後の調査で扶養親族や資産などの存在が明らかになった際には、それらの活用や処分が指示され、速かに生活保護の廃止が決定されると同時に、福祉事務所が支給した金品等はさかのぼって返還の対象となる場合も出てきます。

なお、福祉事務所はいったん申請を受理したら、生活保護が適用されるかどうかの結論を原則2週間以内に出し、本人に通知しなければなりません。ただし、調査に時間がかかるなど、特別の理由があれば1か月の猶予があります。

その間、本人の申告や提出書類が正しいものであるかどうか、とくに預貯金や収入額に過少申告がないかどうかなどが、保護の適否に当たってのポイントとなります。資産の調査を巡っては、いざとなれば当該地域の金融機関総当たりで調べるケースもあります。

口 生活保護の認定

どうしても申請に行けないときは、郵送も可。申請書類は必ずコピー。郵送は配達証明で

生活保護は、当事者である本人、もしくは世帯員自身が福祉事務所に出向いて、口頭もしくは文書で申請するものです。しかし、「見られるのが恥ずかしい」、「手続きの仕方がまるでわからない」、「病気や障害など、やむを得ない事情がある」などの理由で直接本人が行けないときは、本人に代わって別居家族や親族等が生活保護の代理申請を検討することになります。

しかし、当事者以外の他人に対して保護に関わる委任を求めることは、その範囲や程度などを巡って、後々トラブルの原因になることも予想されます。また、いくら親族であっても、本人やその世帯の状態をすべて把握することは困難でしょう。そこで、どうしても役所などで面談するのが苦痛であれば、電話や手紙を通じて困窮した状況を訴え、申請の意思を示すことが可能です。

その際、書面等で最低限記載しなければならないことは、**氏名、年齢、住所、日時、保護申請の意思と理由等です。紛失するおそれもあるため、必ずコピーを取っておきましょう。**

また、郵送の際には配達証明にすべきです。

とは言え、役所側と当事者がまったく面談することなく保護が開始されることはあり得ません。

生活保護申請の意思が伝われば、間もなく役所の職員が申請者宅をたずねて来るはずです。それでも面会拒否を貫いてしまうと、実地調査に非協力という理由で生活保護の申請が却下されてしまう場合があります。

病院や施設等に入ってしまった場合でも、役所のケースワーカーはたずねて行きます。面会拒絶などはできません。ただし、多人数部屋のベッド上での面談は、他人に会話が漏れてしまうため、プライバシーの侵害にもなりかねません。移動可能であれば、別室に移っての面接となるでしょう。

生活保護の認定

生活保護は世帯単位。世帯のだれかが働けても、世帯収入が少なければ支給される

生活保護は個人を単位とせず、世帯を単位として認定する仕組みです。したがって、ある個人が困窮していても、同じ屋根の下に住む他の同居家族等が裕福であれば、単独で保護を受けることはできません。

同居人は、経済的な恩恵を受けなければならないからです。たしかに同一世帯の中では、衣食住についてはお互いに助け合うべきで、格差はつきにくいはずです。

毎月支給される生活保護費は第1類と第2類に分かれています。第1類の基準額は食費など個人に支給されるものであり、第2類の支給額は光熱費など、世帯を単位に支給されるものです。

昨今は単身（一人暮らし）の世帯が増えているため、世帯単位といっても同居人の数は少なくなる一方です。以前は、多人数世帯が多く、全体として保護の受給者数もいまより多かったのですが、昨今では年金収入に頼れない高齢の単身世帯が増えているのが特徴です。

■ 世帯人員別被保護世帯数の年次推移

構成割合で見ると、過半数（74.2%）が１人世帯である

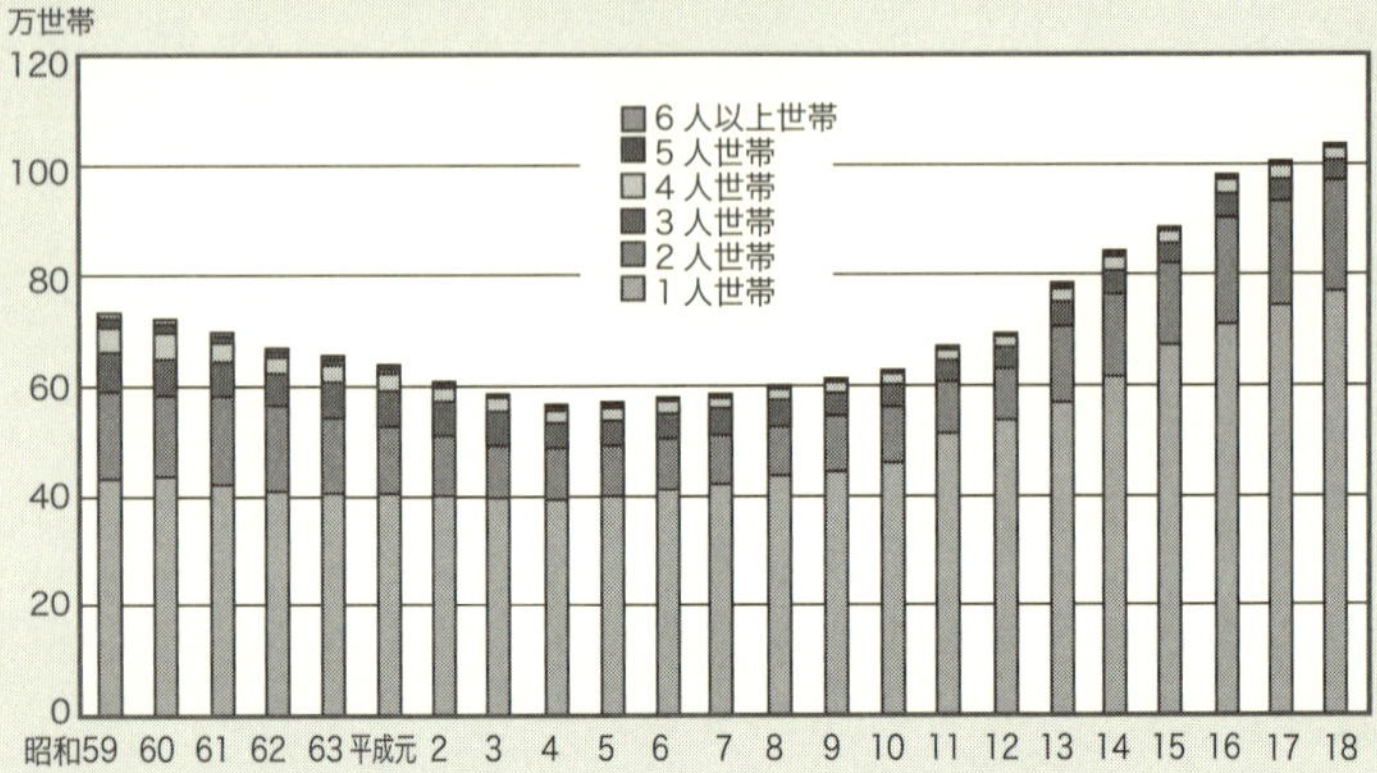

厚生労働省：被保護者全国一斉調査（基礎）各年 7 月 1 日時点

整理すると、福祉事務所は生活が困難な状況にある人であってもひとつの世帯を単位として把握するため、**すべての世帯員が就労困難か、世帯員のだれかが働いたとしても収入額が少なければ、生活保護を受けられる**はずです。例外的に、特定の世帯員を排除することによって残りの世帯員を保護することが可能となる、**世帯分離**という手法もあります。

生活保護の認定

もらえる保護費は世帯の収入によって変わる

生活保護認定の際、使用されるのが最低生活費です。これは、物価変動などに基づいて厚生労働大臣が毎年基準額を定めています。

また、住んでいる地域や世帯員の人数、年齢などによって金額が若干異なります。家賃については、単身か複数家族かによって上限が異なります。

住んでいる地域によっても、生活保護の基準額が違います。ちなみに、東京に住む40歳独身者の第1類の基準額は、平成20年度現在4万270円で、第2類は4万3430円です。2人世帯の第2類は4万8070円で、40歳同士の2人世帯であれば第1類が4万270円の2倍の8万540円となります。

生活扶助基準の例（平成20年度）

	東京都区部等	地方郡部等
3人世帯(33歳、29歳、4歳)	167,170円	130,680円
単身世帯(68歳)	80,820円	62,640円
夫婦世帯(68歳、65歳)	121,940円	94,500円
母子世帯(30歳、4歳、2歳)	166,160円	132,880円

※上記額に加えて、家賃、医療等の実費相当が必要に応じ給付される。
厚労省ホームページより

標準3人世帯（33歳・29歳・4歳）の生活扶助基準額

	平成16年度	平成17年度
1級地-1	162,170円	162,170円
3級地-2	125,690円	125,690円

■ 最低生活費の算定例（平成 20 年度）

生活保護制度における最低生活費の算出方法（平成20年度）

【最低生活費=①+②+③+④+⑤+⑥+⑦】

①生活扶助基準（第1類費）

（単位：円）

年齢	1級地		2級地		3級地	
	1級地-1	1級地-2	2級地-1	2級地-2	3級地-1	3級地-2
0~2	20,900	19,960	19,020	18,080	17,140	16,200
3~5	26,350	25,160	23,980	22,790	21,610	20,420
6~11	34,070	32,540	31,000	29,470	27,940	26,400
12~19	42,080	40,190	38,290	36,400	34,510	32,610
20~40	40,270	38,460	36,650	34,830	33,020	31,210
41~59	38,180	36,460	34,740	33,030	31,310	29,590
60~69	36,100	34,480	32,850	31,230	29,600	27,980
70	32,340	31,120	29,430	28,300	26,520	25,510

世帯構成員の数が4人の世帯の場合は、第1類費の個人別の額を合算した額に0.95を乗じた額をその世帯の第1類費とし、世帯構成員の数が5人以上の世帯の場合は、同じく合算した額に0.90を乗じた額をその世帯の第1類費とする。

②生活扶助基準（第2類費）

（単位：円）

人数	1級地		2級地		3級地	
	1級地-1	1級地-2	2級地-1	2級地-2	3級地-1	3級地-2
1人	43,430	41,480	39,520	37,670	35,610	33,660
2人	48,070	45,910	43,740	41,580	39,420	37,250
3人	53,290	50,890	48,490	46,100	43,700	41,300
4人	55,160	52,680	50,200	47,710	45,230	42,750
5人以上1人を増すごとに加算する額	440	440	400	400	360	360

①級地別に入院患者、施設入所者、出稼者を除いたすべての世帯員を合計する。

②冬季（11月～翌3月）には地区別に冬季加算が別途計上される。

③加算額

（単位：円）

加算できる対象		加算額 1級地	2級地	3級地
障害者	身体障害者障害程度等級表の1・2級に該当する者等	26,850	24,970	23,100
	身体障害者障害程度等級表の3級に該当する物等	17,890	16,650	15,400
母子世帯等 1人親世帯	児童1人の場合	7,750	7,210	6,670
	児童2人の場合	8,360	7,780	7,210
	3人以上の児童1人につき加える額	310	290	270

①該当者がいるときだけその分を加える。

②入院患者、施設入所者は金額が異なる。

③このほか、「妊娠・産婦」などがいる場合は、別途、妊婦加算等あり。

④児童とは、15 歳になる日以降の最初の3月31日までの間にある者。

④住宅扶助基準

実際に支払っている家賃・地代	
1級地	円以内 13,000
2級地	円以内 13,000
3級地	円以内 8,000

地域によりこの額以上の特別基準あり。

⑤教育扶助基準

区分	基準額
小学生	円 2,150
中学生	円 4,180

このほか必要に応じ教科書など実費が計上される

⑥介護扶助基準

居宅介護等にかかった介護費の平均月額

⑦医療扶助基準

診療等にかかった医療費の平均月額

このほか出産、葬祭などがある場合は、それらの経費が一定額加算される

最低生活費認定額

厚労省ホームページより

同じ被保護世帯と言っても、個別ケースごとの保護費の金額はすべて違っています。前記の事例は収入のないケースでしたが、それぞれ収入があれば、支給される保護費も変わってきます。

収入が多ければ保護支給額はその分少なくなり、収入が少なければ保護支給額が最低生活費の水準を限度に増えます。**収入がまったくなければ、最低生活費と同額分の保護費が支給されます。**

したがって、被保護者の困窮具合も、保護を受ける前とあとに分けて考えなければなりません。すなわち、貧困世帯にとって生活保護を受ける前は生活程度や収入額などが異なるため、それぞれのケースによって困り方には差があるはずです。

しかし、生活保護を受けるようになると「最低生活」という基準が導入されて、たとえば収入の少ない人や子だくさんの人には保護費が多くなり、逆に収入の多い人や単身世帯の人には保護費が少なくなるという調整がなされるのです。そこで、客観的には困り方の格差が解消することになります。

生活保護受給者は、毎月の収入状況を申告しなければならない

生活保護は、就労などの収入があっても受けることはできます。月々の平均収入が国の定めた基準以下の金額であり続ける限り、生活保護により不足分が支給されるのです。

にもかかわらず、いつの間にか就労していては生活保護を受けられない、または生活保護を受けていては就労できないなどという定説ができあがってしまいました。半世紀ほど前には、保護受給者の半数以上が仕事をしていて収入があったことは意外に知られていません。

さて、被保護世帯の収入状況はたえず把握されます。そのため、被保護者の義務として、収入があってもなくても毎月の収入状況を申告しなければなりません。

とくに、年金や定期的な就労収入があるケースは、その裏付けとなる書類を提出するように指導されます。**収入があるのに無届けだったり、過少申告すると、生活保護が廃止されるだけでなく、それまでの収入額相当分の保護費の返還が求められます。**

また、収入の扱いについては、勤労控除により、就労者に対する恩典を付加しています。

具体的には、収入認定額を最低生活費である基準額から差し引くことになります。これにより、生活保護を受けていても就労することが可能になり、仕事をすればするほど収入額を増やすことができるようになります。

収入認定額　＜　最低生活費　＝　被保護世帯
最低生活費　－　収入認定額　＝　扶助費（保護費）

ところで、生活保護は公的扶助制度ですから厳しい審査があり、そのため、簡単に保護を受けることはできない、と一般的に言われています。

しかし、実際には生活が困窮すればするほど、生活保護を受けられる可能性は高まります。そうしたとき生活保護を申請すると、保護要件を満たすかどうかが問われます。

たとえば収入のある世帯の場合、最低生活である生活保護基準とその世帯の収入認定額を比べて収入認定額が少ないときには、その世帯は最低生活が補償されていないわけですから、生活保護が必要な世帯ということになります。

このように、両者を比べて生活保護が必要かどうかを決定する仕組みが要否判定です。生活保護を受けるためには、受けようとする世帯に収入がないか、あってもその収入が最低生活費よりも低くなければなりません。そうした判定を公的に行なう場所が、各自治体に設置された福祉事務所です。

したがって、最低生活費を年金収入額などが上回れば、生活保護にはなりません。しかし、**臨時に働いた就労収入などが一時的に基準額を上回っても、前後の月をならした平均収入が基準額より少なくなれば、要否判定の結果、生活保護を受けられることになります。**

■ 勤労控除（基礎控除）の仕組み

就労収入額に比例して基礎控除額が増える仕組み
就労収入 8,000 円までは全額控除となっている
就労収入 240,000 円で基礎控除額の上限額(33,190 円)となっている

就労収入別にみた基礎控除額・控除率（1級地-1の場合）

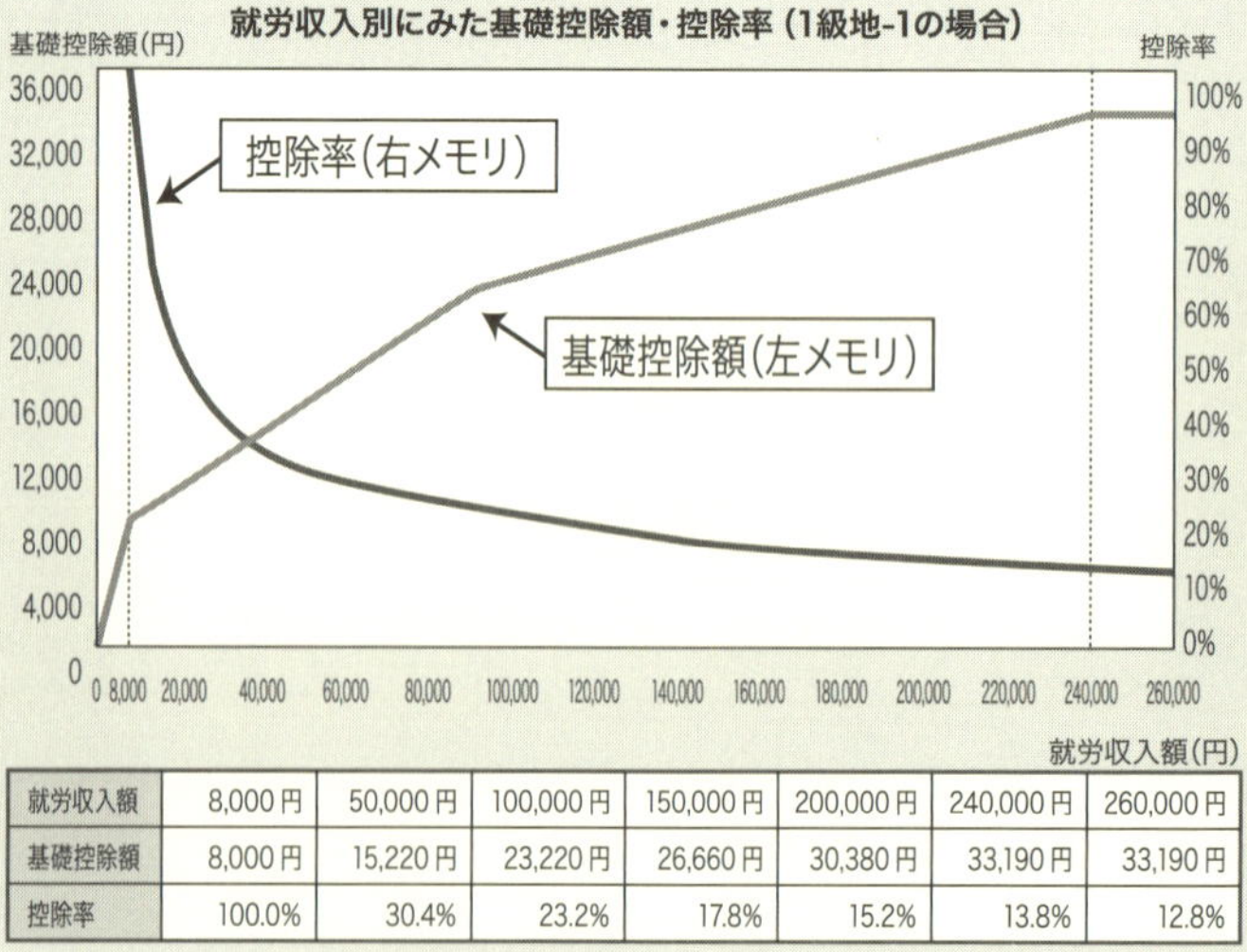

就労収入額	8,000 円	50,000 円	100,000 円	150,000 円	200,000 円	240,000 円	260,000 円
基礎控除額	8,000 円	15,220 円	23,220 円	26,660 円	30,380 円	33,190 円	33,190 円
控除率	100.0%	30.4%	23.2%	17.8%	15.2%	13.8%	12.8%

出典：全国厚生労働関係部局長会議資料（平成 20 年）

複数の就労先で仕事をしていれば、収入額をすべて合計して計算しなければなりません。

要否判定の結果、生活保護が必要となった場合、基準額（最低生活費）に不足する額が扶助額となります。当然、収入認定額が少なくなれば毎月の保護支給額だけでなく、医療費や介護費用、生活費などのすべてが公費によってまかなわれることもあります。

ケースワーカーが自宅を訪れ、「検診命令」を言い渡すこともある

福祉事務所は、生活保護を適用するに当たり、たえず要保護者の生活実態や病状などを調査する義務が制度上求められます。

したがって、保護を受けようとする人、ないし受けている人は、資産調査や扶養照会、病状調査等が行なわれることを覚悟しなければなりません。

もし病気があれば、医師の診断が欠かせないため、「要否意見書」という生活保護用の書類に、病名や治療見込み期間を担当医に記入してもらいます。

担当ケースワーカーが突然、被保護者の自宅を訪問することも頻繁にあります。生活保護法第28条には、「当該吏員にその居住の場所に立ち入り、これらの事項を調査させ、又は当該要保護者に対して、保護の実施機関の指定する医師若しくは歯科医師の検診を受けるべき旨を命ずることができる」とあります。

つまり、**福祉事務所は病状を把握し確認するため、とくに病状の不明確な要保護者に対しては病院への受診を命令することがあります（検診命令）。**その結果によって、入院の要否

や就労の可否などが判断され、保護の適用も判断されます。

つまり、どんな病気を抱えていようが、仕事ができるかどうかが重要であり、さらに重労働は不可であっても軽作業ならできるのかどうかなどが、生活保護を受けるに当たってのポイントとなります。

ただ、ケースによっては、さまざまな疾病を複合的に抱えている場合もあります。内臓疾患は軽くても腰痛があったり、視力・聴力などに問題があれば、日常生活に支障をきたし、働くどころではないため、「要保護状態」となります。

それらを総合的に判断して、福祉事務所は生活保護の適否を、たえず検討し続けることになるのです。

いずれにせよ生活保護法上、要否意見書だけでは不十分な場合、検診命令という方法で生活保護を受けようとする人、ないし受けた人の病状を役所の権限で指定された医者が診断することで、主に「稼働能力」の有無が判断され、仮に就労可能との診断が医師から出れば、その活用が強力に指導されることになります。

介護保険＋保護費を併せて申請することもできる

介護保険の分野でも生活保護適用の話は出てきます。生活費は何とかなるし、医療も保険を使って何とかなる、しかし、**介護サービスだけは1割負担ができないという場合に、生活保護での対応を検討してみてはいかがでしょうか。**

もっとも介護保険は、医療費と違って負担額が比較的少ないし、**非課税世帯**などになれば負担の減免制度が使えます。したがって、通常は介護負担が家計全体に及ぼす影響は少ないと考えられます。

にもかかわらず、介護保険の負担額さえ払えない世帯であれば、生活全体が苦しい状況にあるとも言えるわけです。

そこで、**介護単給**（介護扶助のみを受給すること）ではなく、保護費も支給される「併給」として考えたほうがよいのではないでしょうか。生活全体をトータルで把握しながら、何が不足していて何が足りているのか、家計全体の支出を計算してみる必要があります。

生活保護を受けられるようになれば、被保護者は介護費用のうち、本来払うべき1割負担を免除され、同時に毎月支払う介護保険料も免除されます。ただ、介護保険の仕組み上の問題になりますが、40歳から59歳までのケースでは、介護保険の第2号被保険者となれず、したがって、健康保険が適用されない場合では、介護保険による9割負担ができないため、介護サービス費用は全額生活保護で負担することになります。

一般的に、生活保護を受けている人が介護保険のデイサービスを利用するような場合、1割負担が免除されるため、事業者は相当額の介護券という金券を福祉事務所から受け取ります。もっとも、デイサービスの食費や雑費は介護扶助に含まれないため、保護費の中から本人が負担することになります。

受給者はぜいたく品を持てない。ただし、普及率が7割を超えているものならOK

資産にもいろいろありますが、保護を受給する前であれば、できるだけ処分するよう指導されます。一般的に、利用価値のある生活必需品ならば所有を認められますが、高価なぜいたく品は認められにくいものです。いずれにせよ、現金化できる高額品から車や不動産まで、すべて文書で福祉事務所に申告しなければなりません。自宅の不動産については、全国平均で約2300万円以下の資産価値であれば売却の必要はないとされています。

さて、ぜいたく品かどうかは、その時代の価値観によって決まります。たとえばエアコンですが、一昔前は庶民にとってぜいたく品であり、生活保護世帯が持つことはよほどの理由がなければ認められませんでした。よほどの理由とは、体温の調節ができない疾病などで、医師の許可があってはじめて認められました。しかし、いまやほとんどの家庭でエアコンが設置される時代となり、病気などの理由がなくても、生活保護世帯がエアコンを持つことに問題はなくなりました。なお、大まかな目安として、**当該地域の普及率が7割を超えるものについては社会通念上ぜいたく品とは言わず、原則保有を認めています。**

被保護単身世帯（60歳以上の場合）の耐久消費財の普及状況

	被保護全世帯	被保護単身世帯
一般単身世帯（60歳以上の場合）の平均における普及率が70%を超える耐久消費財の普及率の平均	72.9%	69.4%
和だんす（作り付けを除く）	44.2%	44.1%
洋服だんす（作り付けを除く）	65.8%	58.8%
茶だんす・食器戸棚	82.9%	84.7%
洗濯機	93.3%	82.9%
ルームアエコン	54.5%	51.2%
テレビ	97.9%	97.1%
整理だんす（作り付けを除く）	53.4%	52.4%
電気掃除機	91.5%	86.5%
自動炊飯器（遠赤釜・IH型）	77.8%	68.2%
電子レンジ（電子オーブンレンジを含む）	81.9%	77.6%
電気こたつ	58.6%	59.4%

資料：厚生労働省社会・援護局保護課調べ（平成19年5月時点）

しかし、ハイビジョン薄型テレビやパソコン、デジタルカメラなどは、過半数の世帯に行き届いていないため、認められる可能性は低いでしょう。ただ、デジカメやパソコンが職務上欠かせないということであれば、福祉事務所の判断で認められる可能性はあります。

車の保有に関しては、維持費がかかり、各種税金や自動車保険、ガソリン代、駐車場代など、保護費だけでは到底まかないきれないものであることから、被保護者が保有するのは事実上認められにくいと言えます。他人所有で名義が別人であっても、保有することは認められません。しかし、車がなければ病院に通院できない障害者であったり、仕事に支障が出るといった場合には、例外的に保有が認められる可能性はあります。

申請者は申請以前に貯めた財産を使い切らなければならないが、受給後の保護費については自由に使ってOK

すでに保護を受けている人々が旅行をしたり、豪華な装飾品などを持ったりすることは可能でしょうか。

それらについては、相当期間貯金しなければ購入できませんので、それらをいつ購入したかが問われることになります。保護開始後に貯めた貯金で行く旅行であったり、買ったりしたものであれば問題はありません。

たとえば、保護を受ける前であれば、財産価値のある装飾品は処分をしなければなりません。貯金があれば、最低生活費の半分程度まで使い切るように指導されます。

しかし、保護受給後に貯めた貯金で購入した装飾品であれば、特段問題はないとされています。現実に、保護費を全額消費せずに貯金するケースは少なくなく、たとえば葬儀費用に当てるためなどという理由があれば問題はないようです。

とはいえ、そもそも生活保護は月々のわずかな保護費の中から貯金することを制度上想定していません。事実上、貯金のために最低生活費を割り込んでしまうことはあってはならないことです。

しかし、**いったん受給した保護費を何に使おうが、原則自由**ということになります。

それに対して、保護受給中の借金というのは絶対に認められないし、あってはならないことになります。生活保護を受ける前に、もし借金が発覚したら、それこそ自己破産するなど何としても借金をなくすように指導され、生活保護を受けるようになってからの借金であれば臨時収入と見なされ、収入認定の対象となってしまいます。

保護受給中の高齢者が、わずかな年金を担保に悪質なローン会社から借金する事例が後を絶ちません。

また、生活保護の受給者証や印鑑を金融業者に渡して借金する保護受給者も増えており、これらは社会問題化しています。

こうした借金は、いずれ貸主に返さなければならないため、「収入ではない！」と思いがちですが、被保護者が借金した時点で、それが一時収入と見なされてしまうのです。

「何と理不尽な！」と思われるかもしれません。しかし、保護を受けている人が保護費以外に受け取れる金銭は正規ルートの収入（就労収入や年金収入など）を除いてあり得ないというのが制度上の原則であるからです。

もっとも例外的に、はじめて保護になる人が無一文であったり、保護受給中の人であっても、支給された保護費を月の途中で使い切ってしまったような場合、後日支払われる予定の保護費を担保にして前借り（借金）するケースは、特例事項として認められています。しかし、その人がいなくなってしまったり、死亡してしまった場合は、その後保護費が支給されないため、借金分は役所の欠損として処理されることになります。

SCENE 3

生活保護を受けずに何とかする方法

Q6 持ち家があるが、これを担保にローンを組むことは可能？

A いわゆるリバースモーゲッジ。ただし、資産価値のある家であることが条件

家などの資産がある場合でも生活保護は受けられますが、ローンがある物件は売らなければなりません。ただし、ローンがあっても、抵当権の残債が300万円以下で、毎月の支払額も少なく、5年以内に完済予定であれば、例外的に保有を認める場合もあるようです（東京都）。

いずれにせよ、ローンはしだいに借入額が少なくなるとはいえ、継続的に借金をし続けなければならないため、それを認めることはできないのです。生活保護を受けるには、残債が消滅せず、赤字になってしまうような場合でも売却しなければなりません。自己破産まで視野に入れなければならないようです。

しかし、ローンがなければ話は違います。売らないで利用する価値のほうが高いと判断されれば、そのまま当該不動産に住み続けることができます。

その他に、**リバースモーゲッジ**という仕組みがあります。これは、不動産を担保にして、

金融機関から毎月生活費が支給されるというものです。

リバースモーゲッジとはローンの一種であり、生活保護とは共存できません。というより、生活保護を受けさせないための防波堤のようなものです。ちなみに、その家に担保価値がないとリバースモーゲッジの対象にはなりません。

いま、国が生活困窮者の不動産活用に積極的になっているのは、被保護者の生存中には何の関わり合いも持とうとしなかったのに、本人が死亡したとたん、われもわれもと相続権を名乗り出る遺族に対して、安易に遺産を渡すわけにはいかない、と判断しているからです。

また、リバースモーゲッジなどを使って、不動産の流通市場を活性化させようと目論んでいるからでもあります。

Q7 実家は裕福だが、自分はネットカフェ難民という場合、生活保護対象者になるか？

A ケースバイケースなので、まずは相談を

40代高齢のネットカフェ難民で、収入源は日雇い派遣で、月に4～5万円という苦しい生活を余儀なくされているような人であっても、親が健在であれば生活保護は望みにくくなります。

しかし、たとえ経済力のある親がいても、別居していれば受給できるというケースもあり、いずれにしても、ケースバイケースです。

住民票が実家にあっても、実際に同居していなければ生計は別ですから、本人は単独の世帯主として、親の生活とは無関係に日々の生活実態が把握されます。ネットカフェ難民や友人宅への居候者などは生活の拠点が曖昧であるため、いったんアパートに居住するなどしてから福祉の相談に行くべきでしょう。

Q8 受給開始後で、他からお金の都合がついた場合、生活保護は打ち切りになるのか？

A 場合によっては返還させられることもある

この場合、金額にもよりますが、他の制度を使ったり、遺産などを使ったりするなどして当面の生活がやりくりできるかどうか、がポイントとなります。

つまり、やりくりできるほどの制度や金額でなければ打ち切りにはなりません。しかし、毎月の保護費から収入認定されたり、返還させられることはあります。

また、子育て支援策の中に児童手当や児童扶養手当がありますが、もらうと生活保護が受けられない、ということはありません。もらっても、最低生活費に満たなければ、不足分が生活保護で受けることができるからです。

まずは、もらうべきものをもらって、家計の足しにしてから生活保護の申請を考えるべきでしょう。

リバースモーゲッジは、自宅を担保にした高齢者のための年金のようなもの

保護開始前にローンがある物件は売らなければなりません。生活保護のお金で個人の資産を形成することは認められていないからです。ローンの支払額が一般の家賃より少なかったり、ローンの支払いだけ親戚が援助してくれているような場合でも、認められていません。

従来、生活保護法上、自宅などの不動産は利用価値と処分価値が比較され、処分価値が低ければ、保護を受けるようになっても自宅を手放す必要はありませんでした。

しかし、最近の国の動きとしては不動産の処分価値を重視し、持ち家を金融機関の担保（抵当）にしてお金を引き出し、生活費にあてるべきとの判断に傾いています。「リバースモーゲッジ」と言われる資産活用の仕組みです。

２００７年4月からは、65歳以上の高齢者世帯で、自宅不動産の評価額が５００万円以上あれば当制度を利用し、担保切れになってからでないと生活保護生活保護は受けられないことになりました。生活保護回避策の切り札として四半世紀程前に登場したものが、再び脚光を浴びはじめたと言っていいでしょう。

通常の住宅ローン（モーゲッジ）では、年限とともに借金が減っていきますが、この制度では逆に増えていくため、リバースモーゲッジと呼ばれるのです。

換言すると、これは高齢者にとって自宅を担保にした年金制度の一種と言えます。自宅不動産を所有しているが現金収入が少ないという高齢者世帯が、少なくとも死ぬまでは住居を手放すことなく収入を確保するための手段なのです。自宅を担保にして銀行等の金融機関から借金をし、その借金を「年金」という形で受け取り、年月とともに借金が増えていく仕組みと言えます。

同じ借金でも、通常の「ローン」は、結果的に資産形成でき、リバースモーゲッジは資産を失うことになるため、遺産を失いかねない高齢者の親族は、なかなか後者を認めたがりません。

さて、リバースモーゲッジには以下のリスクや問題があります。①当制度による年金が満額になる時点を越えて長生きする、②当制度による年金が満額になる前に死亡する、③不動産価格の低迷等により担保割れする、などです。もっとも死亡時には、金融機関が契約者の自宅を引き取り、残債を整理することになります。

「扶養確実性」がないのに、「扶養照会」しがちな福祉事務所に注意！

一般的に、親が具体的な金銭援助を申し出るなど、親族間の扶養が現実的に可能であれば、公的な支援制度である生活保護に優先して、個々人の自助努力（当該扶養）が求められることになります。

つまり、親族から毎月最低生活費以上の金額が振り込まれることが確実であれば、生活保護の対象にはなりません。

しかし、親族に扶養の意思も見通しもないという場合になると、生活保護の出番となるはずです。それを確認する事務手続きが**扶養照会**というもので、別居中の配偶者や親兄弟などに役所から扶養が可能かどうか、扶養可能であれば月々いくら送金できるか、という書類が送られるのです。

しかし多くの場合、戸籍上「扶養できそう」な親族が存在するというだけで「扶養可能」と福祉事務所によって判断されてしまい、扶養の「照会」というより、扶養「依頼」の色が強い文書であると言えます。

福祉事務所の多くは、親族等の扶養意思を十分たしかめることもせず、わずかな期待可能性だけで「扶養照会」を乱発してしまう傾向があります。とくに、生活保護をこれから申請しようとする人にとって、身内からの辱しめにさらされる仕組みでもあり、あまりの恥ずかしさから、申請を思いとどまらせようとする保護回避策の定番中の定番と言っても過言ではないでしょう。

本人の親や子供、兄弟にとどまらず、叔父や叔母、甥、姪などにも扶養照会してしまうケースワーカーまであり、大家族制度の崩壊した現在においてはまったく意味のない、嫌がらせに近い手続き業務と言えなくもありません。

いずれにせよ生活保護の適否に当たっては、扶養義務者は当事者ではなく、あくまで第三者に過ぎません。**扶養依頼は、年金請求権や資産処分手続きとは本質的に異なるものですから、扶養確実性が客観的に存在しない限り、本来無理強いは禁物であるはずです。**

さて、仮に扶養確実性があっても、現実に援助金として送金される金額やその件数はわずかなもので、扶養額の全国平均は1万円を割っているようです。

各自治体にある
さまざまな貸付制度を利用するのもひとつの方法

生活保護を受けるほどではないが経済的に困っているという場合にも、更正資金や福祉資金、療養・介護等資金、修学資金、災害援護資金など、さまざまな貸付け制度があります。

その多くは、各地域の社会福祉協議会が窓口になっており、低所得世帯や障害者世帯、高齢者世帯に低利で福祉資金や小口資金の貸付けを実施しています。

ただ、低利とはいえ3％程度の金利があり、保証人も必要であり、さらに地元の民生委員の面接まで受けなければなりません。そんな条件をクリアできるケースは極めて少ないのではないでしょうか。

さらに、資格要件として住民登録が必要であり、**前年度の収入が一定以下の基準でなければなりませんが、生活保護と違って保有資産の有無は問われません。**財産があるかどうかなどは、当貸付に当たって無関係となっています。もうひとつ生活保護と違うのは、一回限りの公的支援策ということであり、何度も利用できるものではありません。しかもいずれ返さなければならず、滞納すれば10％以上の延滞利子がついてしまいます。

知って得する保障制度

医療費の負担が重過ぎるなら「高額療養費払い戻し制度」を活用しよう

生活保護を受ける人の中には、医療費だけでも何とかしてほしいという人も少なくありません。つまり、生活保護の受給者であっても、医療費の問題さえ解決できれば保護を必要としないのです。

このような場合、**高額療養費払い戻し制度**が利用できます。これは、医療費をいったん支払ったあと、社会保険でも国民健康保険でも加入者であれば、同じ病院や診療所で支払った同一月（1日〜末日）の医療費が一定額を超えた場合に本人の申請により、過払い分が返金され、自己負担が軽減される制度のことです。

具体的には、同一人物が同じ病院や診療所で（総合病院はそれぞれの診療科ごとに）1か月間に一定以上の医療費を支払ったときに限って戻ってきます。ただし、入院と外来は別々に区分されますし、診療行為と無関係な部屋代や食費は高額療養費の対象外となっています。

保険料を払えず滞納している場合や、保険が使えても医療費自己負担を払えない場合などは、やはり福祉事務所で生活保護を申請し、医療券をもらって医者にかかるしかありません。

サラリーマンなら、労災にかかわらず傷病手当金がもらえる

会社勤めの人が病気を患って会社を休職した場合、生活保護を申請するために福祉事務所に駆け込まなくても、**加入している健康保険の傷病手当金の受給手続きが行なえます。これは労災による手当てとは違うため、傷病の原因が就労中の事故でなくてもかまいません。**個人的な理由による病気や怪我などでも、仕事ができなくなれば、所得保障的な給付である傷病手当金の給付対象となります。

こうした給付金がもらえることを知らずに、当該会社を休職したまま退職してしまう人も多いようです。その後、生活が苦しくなって福祉事務所に来所したような場合、事情がわかれば医者で診断書を書いてもらい、さかのぼって傷病手当金の受給手続きを指導されることになります。保護が開始されてからでも当該手続きは行なわれ、保護が続く限り受給した傷病手当金は、収入認定されるか返還しなければなりません。金額が多ければ、生活保護はいったん休止するか廃止されるかします。もっとも、これは健康保険に加入している場合のみに活用できるものです。

知って得する保障制度

職業訓練所に行けば、最長2年間の失業手当をもらえることもある

失職しても、それまで雇用保険に加入していれば失業手当がもらえます。失業手当がもらえるのに手続きをしないで生活保護を申請しようとすれば、まずは失業手当の受給手続きをすませて来るよう、福祉事務所から指導されます。

受給するまで生活費がないということであれば、その間生活保護が適用され、保護費を受け取り、後日失業手当金を収入認定するか返還することになります。生活保護の休止や廃止については、受給金額の多寡や再就職できるかどうかの可能性から、福祉事務所で判断されます。

さて、失業手当の金額はそれまで（過去6か月間）の給料を基準に計算されます。さらに勤続期間や離職時の年齢によっても支給金額や支給期間が異なってきます。とくに退職理由は支給額に大いに関係してきます。たとえば、退職が本人の「自己都合」によるものなのか「会社都合」によるものなのかによって、支給期間が大幅に変わります。自己都合の場合、退職後3か月間は何ももらえません。その間給付制限を受けるためで、自己都合の人がもらえる

のは、無職である期間が3か月を越え4か月目から、となります。しかも勤続10年未満だと、90日間しか失業手当てが支給されません。

ただ、**公共職業訓練（国や都道府県等が離転職者等を対象に職業に必要な知識・技能を習得できるようにするもの）などを受講すると、最長で2年間の失業手当てを受けることが可能です。**

しかし、入校試験や年齢制限があるため、こうしたセーフティネットをだれもが活用できるかどうかはわかりません。これらは、個別に調べる必要があります。次の就労先が見つからず、失業手当てだけでは生活が困難となれば、生活保護の申請を本気で考えてみるべきでしょう。

とりわけ、短期の契約社員や急増する日雇い派遣社員を対象にしたセーフティネットの仕組みがありません。失業しても、雇用保険が彼らをカバーしていないため、失業手当てはもらえないのです。

社会に広がる「日々求職、日々就労、日々失業」の人たちを救済する手立ては、生活保護以外には見当たりません。

知って得する保障制度

母子家庭なら、子どもが18歳になるまで児童扶養手当がもらえる

子育てが重荷となって生活が困窮しても、**児童扶養手当**や各種子育て支援手当を受領したり、保育園に子供を預けて就労して、生活保護の適用を回避しているケースはあります。

たとえば児童扶養手当ですが、**母子家庭であり、所得が一定基準以下であれば、児童を育てている母親に対して、居住する自治体から子供が18歳になるまで支給されます。**支給額は、子供一人につき最大で4万円余りです。

また児童手当は、一人親でなくても収入が一定限度以下であれば受給できます。子供が0歳児であれば月額1万円の支給です。しかし両者を合わせただけで、親子が生活していくことは極めて困難でしょう。

したがって、一人親のケースで元夫からの養育費が途絶えたり、働いていた母親の就労収入額が減少したり、あるいはまったくの無収入になったりすれば、生活保護に頼らざるを得ません。

子どもの教育費に困ったら就学援助という手もある

就学援助は、経済的理由により就学が困難である学齢児童生徒や、特殊教育諸学校などの保護者に対し、国及び自治体が就学に要する諸経費を援助することです。「子供の教育費が捻出できないので何とか生活保護を」と思っている人が福祉事務所に来所した場合、まずは就学援助を使うように指導されます。

就学が困難なケースとは、生活保護法上においては要保護者及び準要保護者であり、**援助の内容としては、学用品もしくはその購入費、修学旅行費、給食費、学校災害共済掛金、医療費**となっています。

なお、生活保護の教育扶助との重複給付は認められていません。

特殊教育諸学校の援助の内容としては、教科書図書購入費、学校給食費、通学・帰省に要する経費、付添い人の交通費、寄宿舎費、修学旅行費、学用品購入費等の経費が、保護者の経済的負担能力に応じて支給されます。

知って得する保障制度

障害年金、遺族年金など、もらい忘れている年金はないか？

わが国では、いわゆる「障害年金のもらいそこない」と言われる人々が、10万人以上も存在すると言われています。遺族年金もまたしかりです。制度そのものを知らなかったり、受給のための手続きが面倒だったりすることが、こうした問題の背景にあるのでしょう。

福祉事務所に相談に来て、はじめてそうした年金がもらえることを知り、生活保護を回避した事例も少なからずあります。

ただ、障害年金は障害認定基準が複雑なため、さまざまな誤認や関係者の理解不足等によって、申請自体が放置されたままであるという問題があります。

たとえば、労災事故が原因で障害基礎年金や障害厚生年金が受給できるにもかかわらず、当該事実を知らずに時間だけが推移してしまって、権利を失ってしまうということも少なくありません。

また、世帯主が死亡したときに残された妻や子に支払われる遺族年金ですが、その種類は多岐にわたっています。遺族基礎年金（国民年金）、遺族厚生年金、寡婦年金（国民年金）、遺族共済年金などがあり、どれも社会保険庁（遺族共済年金を除く）から支払われることになります。

社会保険庁から支払われる遺族年金の受給要件や年金額についてですが、保険料の納付ずみ期間や妻子の年齢、子供の数などによって変わってくるため、大変複雑な仕組みとなっています。

しかし、申告すれば支給される事例が意外にあるため、一度確認してみることをおすすめします。

SCENE 4

とにかく福祉事務所へ行ってみよう!

Q9 生活保護の相談をする窓口はどこにあるのか？

A 生活保護の面接相談窓口がないか、探してみよう

生活保護の申請は、都市部であれば区役所とか、市役所に行けばよいのでしょうが、地方に行くと区役所や市役所はありません。

多くは、道や府県が管轄する出先の出張所内にあります。たとえば、宮城県〇〇〇福祉事務所社会福祉課とか、大分県〇〇〇保健福祉事務所などとなっています。

あらゆる自治体には、生活保護の面接相談窓口があります。福祉事務所によって、きっちりと面接室がある場合と長い机に簡単な仕切りしかない場合があるものの、一応プライバシーに配慮する設計となっています。

初回でどこまでいくか、どこまで整理されるかなどはわかりません。緊急性や重大性によって申請が受理され、その後生活保護が適用されるかどうかが決まります。

Q10 準備していくとよいものは？

A 公的証明書などを持参。自然体で行くのがポイント。ときには第三者の同席も

生活保護面接相談窓口に行くときは、どんな心の準備をして行ったらよいでしょうか。税金の申告に行くとき、わざと貧乏くさい服装をして行って、必要経費を認めてもらった人がいるという話を聞きますが、生活保護の場合は貧乏だと見せつける目的はないため、ラフな普段着で行っていいと思います。

それよりも、外見より中身、本当に貧しいのだ！　と思う心の準備で勝負です。お世話になるかも知れないからといって、会社訪問よろしくネクタイしめて、リクルートスーツで出かける必要はありません。

また、わざと汚い格好をして行っても、逆に「芝居臭い」、「わざとらしい」などと思われ、かえって不信感を持たれるだけでしょう。自然体がよいのです。

事前に用意して持って行ったほうがよいものとしては、身分や居住地を証明するものです。たとえば、健康保険証、免許証、介護保険証、住民票などです。会社などの組織に所属して

いる場合、名刺を持っていなくてはと思ってしまいがちですが、商談でも営業でもないため、その必要はありません。

一人で福祉事務所に行くのが不安なとき、友人などに同行してもらうのもひとつの方法です。消費者金融や雇用問題にくわしい弁護士に同行を依頼する事例も、最近では増えているようです。

当然、役所側は本人以外の同席を嫌がります。自らの仕事ぶりや態度を第三者からチェックされることになるため、「プライバシー保護」などを盾にして拒もうとしますが、肝心の相談者本人が同席を求めているわけですから、役所が拒否する根拠などありません。

Q11 面接官はきちんと対応してくれるのだろうか？

A 具体的に困っていることを打ち明ければ大丈夫

窓口で受付がすんだだけでは何も決まりません。その後はさまざまなやり取りがはじまるため、まだ受付の時点では生活保護が受けられるかどうかはわからないのです。次の段階として、生活保護の申請があります。

その日に食べることもままならない相談者にとって、決定が延び延びになることは辛いものですが、そういうこともよくあります。

しかしご安心ください。**役所の都合で何週間も生活保護の決定が遅れるとしても、保護の申請さえ出してあれば、決定が遅れても開始日は申請日にさかのぼる**仕組みとなっています。

そして後日、生活保護が受けられると連絡（通知など）が来てはじめて、面接係から地区担当に所管が移されます。

したがって、生活保護の申請は結果的に不受理でも早くしたほうがよいのです。

ちなみに、受理された場合、次回からは担当のケースワーカーが決まります。

生活保護が適用され続ける限り、被保護者と担当ケースワーカーとのつき合いはなくなりません。人間同士ですから、当然相性の問題もあるでしょう。被保護者にとって相性がいいと思っていても、途中でどうなるかはわかりません。また、役所は転勤や配置換えがあるため、長期間同じ担当であることはあり得ません。

ケースワーカーは、被保護者にとって、さまざまな問題の相談相手となるため、どんな担当者であっても心を開いて困りごとを打ち明け、具体的に何をしてほしいのかを伝えていくべきです。

ケースワーカーと似た職種で、介護保険のケアマネジャーがいます。やはり担当制になっており、主に介護に関わる相談・認定業務に従事しています。

ただ、ケースワーカーと決定的に異なるのは、ケアマネジャーは利用者が選べるという点です。相性が合わなければ、いつでも変更することが可能なのです。

ロ

ケースワーカーとのやりとり

申請はメモ書きであっても大丈夫。自分で申請書を作っても可

生活に困って福祉事務所に行っても、まずは「相談」が長引き、生活保護の申請をなかなか受け付けてくれない、という現実があります。

そこで、申請を受け付けてもらえなかった場合の相談者の対抗手段として、自分で申請書を作って福祉事務所の面接係に渡してくる、という方法があります。

そもそも、保護の申請は「様式行為」ではなく「申請行為」であるため、メモ書きで申請しても大丈夫であるはずなのです。記載する内容は、前述したように**名前や住所、年齢、それに保護申請の意思と理由など**です。単身世帯でなければ、同居している家族等の名前や年齢なども記載しなければなりません。

具体的な収入状況がわかるものを持っていけば話が早くなる可能性も

初回面接のあと、相談や説明の長い堂々巡りを経て見通しが決まり、ようやく申請が「受理」されるという流れになります。

しかし、正式な生活保護の「決定」というのはまだ先で、受理後2週間以内に郵便で通知されることになります。調査に時間がかかったりすると、1か月程度決定が延びることもあります。

ただ、保護の決定が先延ばしされても、生活保護の開始時期は申請が受理された日ですから、生活扶助費の計算も申請日にまでさかのぼります。生活保護費支給日が遅れることはあっても、支給金額に不利はないはずです。

さて福祉事務所に行くときには、本人や世帯員の生活実態がわかる書類があったほうが余計な説明が省けるという利点があります。**就労していれば給与明細書、年金を受けていれば振込み証明書、病気であれば診断書。さらに、預貯金額や生活費の出し入れがわかる銀行通帳、居住地や本籍地がわかる免許証程度は持って行ったほうが、面接係の行なう事務処理の**

スピードが早まります。初回面接の場で生活保護が果たして受けられるかどうか、ある程度の見通しがつくかもしれません。

一般的には、よほどの重大性や緊急性が認められない限り、初回面接時に生活保護受理となる事例は多くありません。

ただ、各種書類や証明書を整えることによって「申請を認めてもらいやすい」ことにはつながらなくても、結果の出るスピードが早まる可能性はあります。

ところで、支給日が遅れるため所持金がなくなって生活ができなくなることを防ぐ手段として、**福祉事務所によっては「生活費の前借り」制度というものがあります。**後日支給される予定の保護費を基準（担保）にして借金する仕組みです。

申請日から、1か月も決定が延びてしまえば、その間の生活費に窮してしまうケースを公的に救済しなければならないからです。

1人で80件程度の被保護世帯を担当しているケースワーカーの現状がある

福祉には老人や障害、児童、母子、生活保護などさまざまな分野があり、各地域の福祉事務所ではケースワーカーが、それぞれ地域ごとあるいは分野ごとに担当をしています。

都市部では少なくとも80件程度の被保護世帯を1人で担当し、保護の開始から変更、停止、廃止に至るまでの処理をしています。

ケースワーカーの仕事は、すべて生活保護法に基づいて行なわれ、日本全国どこでも原理原則は同じです。しかし、法律の運用や解釈の一部が現場の裁量に委ねられているため、判断を一歩間違えれば被保護者の生殺与奪につながりかねない業務とも言え、公正さ、公

■ CW一人当たりの受持ちケース数推移（東京都・平成6～17年度）

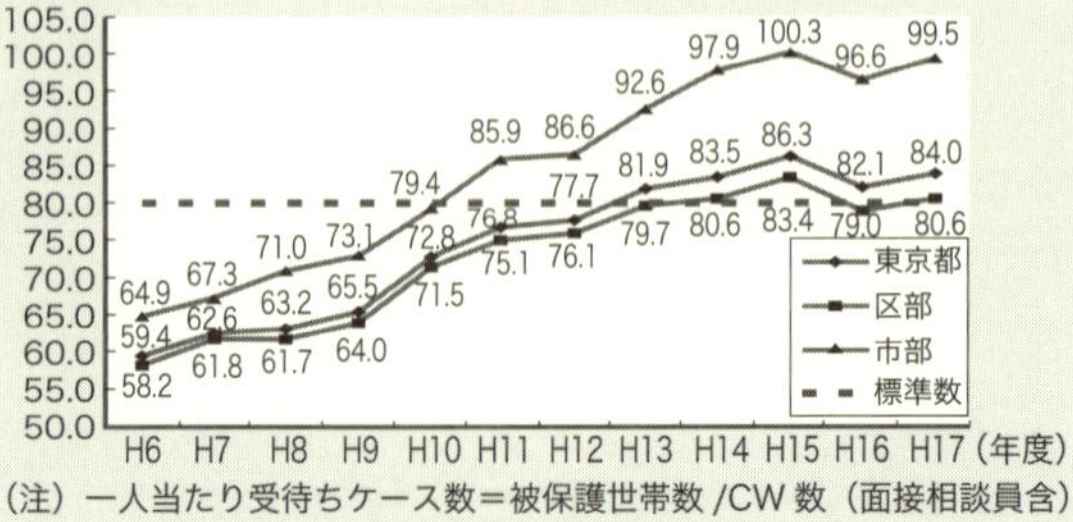

（注）一人当たり受待ちケース数＝被保護世帯数 /CW 数（面接相談員含）

資料：東京都福祉保健局「福祉事務所等指導検査結果報告書」

平さが求められています。

なお、すべてのケースワーカーに「査察指導員」という上司がいます。

■ ケースワーカー配置数の推移（東京都・平成6～17年度）

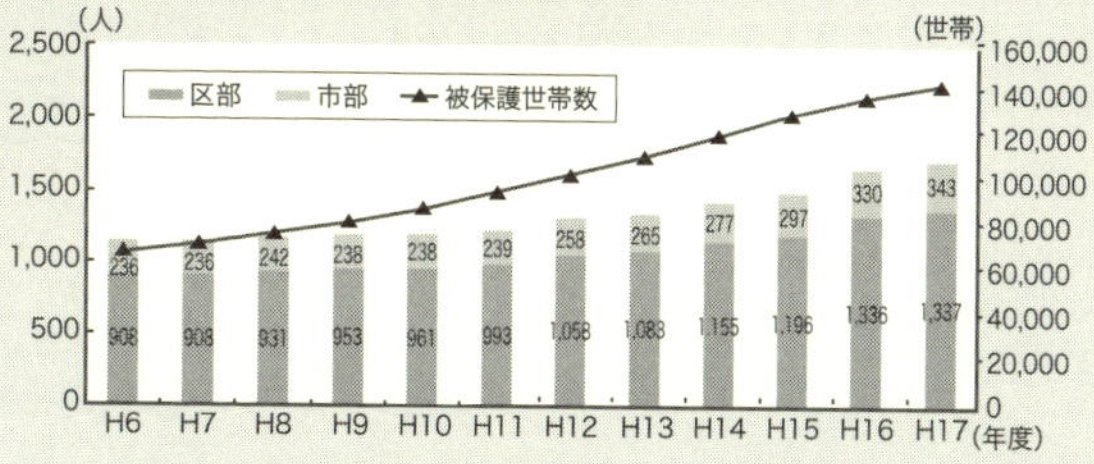

資料：東京都福祉保健局「福祉事務所等指導検査結果報告書」

■ 生活保護の実施体制

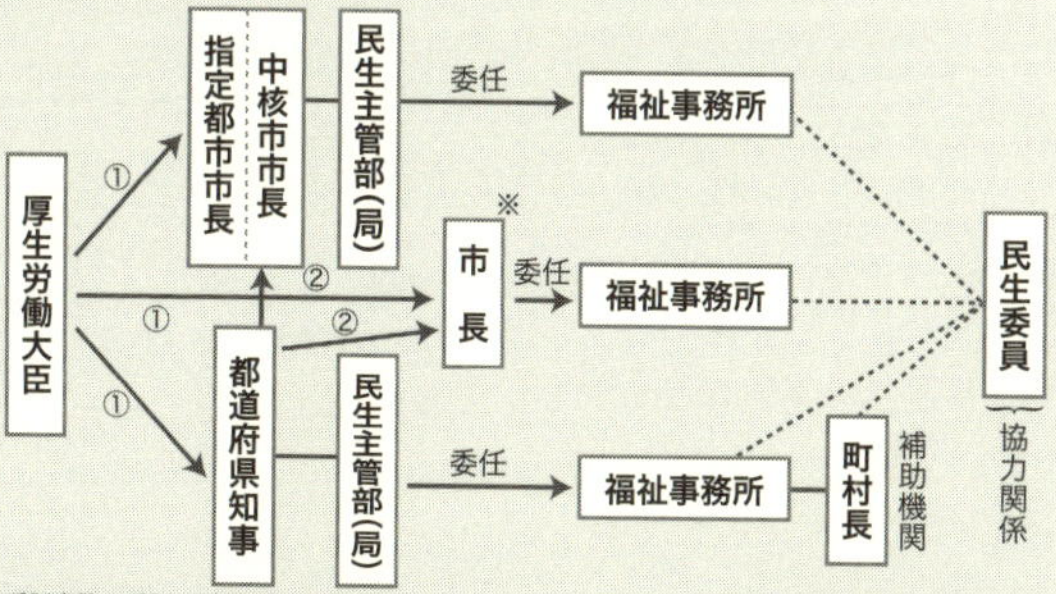

①法定受託事務の委託、監視指導、技術的助言・勧告・是正の指示等
②監査指導、技術的助言・勧告・是正の指示等

※福祉事務所を管理する町村長は、市長と同一の扱いとなる。

厚生労働省社会保障審議会福祉部会・第1回専門委員会配布資料

初回面接で聞かれる内容をチェックしておこう

申請者が初回の面接で、福祉事務所の面接係にはじめて聞かれたり、確認されたりすることは以下の点です。

①　名前
②　生年月日
③　現住所、住民登録地、本籍地
④　家族（世帯）構成、親族の連絡先
⑤　生活実態、生活歴、収入状況
⑥　病気、障害等の有無
⑦　健康保険、年金等の加入状況
⑧　資産、生命保険、貯金残高等
⑨　就労の可否、意欲等

⑩　活用できそうな他法、他施策があるか
⑪　頼れそうな親族がいるか

これだけではありません。当人の状況がある程度わかっても、果たして何が困っている点なのか、福祉事務所にどうしてほしいのか、を話してもらうことになります。同時に、経済的に苦しくなった理由や今後の見通しなどについて当人からヒアリングし、客観的に証明していきます。

もっとも、申請が受理されたあとは同意書を使って本人の状況を調査し、困窮実態を客観的に証明するのは福祉事務所の役割となります。初回面接で聴取した内容に矛盾や偽証がないか、役所の権限で調べていくのです。

生活苦に陥ってしまった原因と結果を明らかにする

生活保護の申請には、印鑑の他に、病気であれば医者の診断書、障害者であれば身体障害者手帳、高齢者であれば年齢のわかる免許証か住民票か介護保険証、子育て中であれば子どもの健康保険証か住民票、借金をしていれば借用書、失業していれば辞めた会社の離職証明書などが必要となります。

そして、収入や資産の状況を証明するために、就労中であれば給与証明書、年金があれば年金手帳、無職（求職中）であれば、ハローワークの求職証明書、また、生活費がない、または少なくなったのであれば、預貯金残高の経緯がわかるメインバンクや郵便局の貯金通帳などが必要です。

しかし、それだけでは不十分で、**困窮してしまった原因と結果と程度の問題を明らかにしなければなりません。**

たとえば、困窮の原因が病気であっても病状は重いのか軽いのか、急性か慢性か、回復可能かどうか、通院ですむのか入院しなければならないのかなどによって、援助の中身が変わってくるからです。

そもそも、生活保護の対象になるのかどうか、保護費を支給するにしてもいくらをどのくらいの期間にするのか、医療費まで生活保護で面倒を見るべきなのかどうかなど、病気が申請理由であれば、すべて病気の程度しだいで決まってくるものです。仮に、重篤な病気があれば仕事をしていても稼ぎは低くなり、収入も激減して困窮状態が悪化するからです。

しかし、病気であると言っても、本人の訴えと医師の診断内容が異なる場合があります。さらに、医師によっては、本人の不安定な言動をもって、「不定愁訴」、「適応障害の可能性あり」、「性格異常」などと診断するケースがあります。最初に「人格障害」などと診断されると、もはや医療につなげられるかどうか、他院でセカンドオピニオンを求めるべきかどうか、本人に病識がない場合などを含め、生活保護を適用するにしても、どのような処遇方針を立てるべきか迷う事例が少なくありません。

介護リスク、借金、子育て状況など、さまざまな面から生活保護が認定される

障害者の場合、身体障害か、知的障害か、精神障害か、そしてそれぞれ何級レベルなのかによって認定基準が異なります。たとえば重度の障害がある場合、3級以上であれば年金加入歴等を条件に障害年金が受領できます。

高齢であっても元気な人もいれば、40代、50代の中高年でも、介護度が4や5の重い要介護状態の人もいます。もっとも高齢者の場合、75歳を境に前期高齢者と後期高齢者に分類され、後期高齢者の場合、傷病や障害だけでなく、老衰に伴なう介護のリスクも高まり、頼るべき親族や年金収入などが期待できなければ、生活保護の適用は不可避と言えます。

また、借金があっても返済可能かどうか、自己破産すべきかどうかという問題や、借りた先がどこなのか、実際に借金した金額の多寡などの問題もあります。

子どもがいれば、乳幼児か学齢期かによって、どのくらい面倒を見なければならないのかなどが異なります。また、保育園入園が可能かどうかも大きな問題です。

ケースワーカーとのやりとり

要求したことがすべて受け入れられるとは限らない

福祉は申請主義ですので、当人が福祉事務所に行って、何をしてほしいのかをきちんと伝える必要があります。つまり、事務所の面接で「困った、困った」と言っているばかりでは埒《らち》があかないということです。

たとえば、

① 現金がほしい
② 病院で診てもらいたい
③ 介護サービスを受けたい
④ 借金を帳消しにしたい
⑤ 子供を育てたい
⑥ 求職活動を助けてもらいたい

⑦　アパートに入りたい

⑧　施設に入りたい

などが、困窮した人の主な要望でしょう。

ただ、**何から何まで希望しても実現するかどうかはわかりません。**いくら申請者の生活が苦しいと証明されても、福祉事務所は法律論や経験則を盾に生活保護を簡単に認めようとはしないからです。

仮に、生活保護を適用するにしても、廃止までの期限をつけた、いわば条件付きで開始する違法なやり方も横行しています。いちおう、暗黙の了解という形を取るため、文書には残りません。餓死事件が頻発する福祉事務所では、開始と同時に何か月後かの辞退届けを書かせてしまうようですが、これはもう水際作戦の変形とも言えるでしょう。

もちろん厳しい財政事情もあるため、財政当局からのプレッシャーは強くなる一方であり、「地区担当の仕事をこれ以上増やすのか！」という職員同士の圧力もあります。

しかし、そんな薄っぺらな理由のために、貧しい人々の生存権が脅かされてはたまりません。

国民の生存権を保障するセーフティネット機能を確実に持たせて、少しでも生活困窮者にとって利用しやすい福祉事務所に変えていこうではありませんか。

ケースワーカーとのやりとり

消費者金融に手を出すくらいなら生活保護制度を利用して借金しよう

生活保護制度では、一時的にお金を借りることができます。すなわち、生活保護が開始となってからでないと保険金や給料などのお金が入らない場合、差し当たって生活保護が適用され、その後保険金などが入金された時点で、それまで支給された保護費や医療費相当額を返還させる仕組みです。

お金に困っているときは思わず消費者金融などを利用しがちです。しかし利息が高く、さらに追いつめられてしまうことになりがちです。それに比べると、利息のつかないこの制度は安心です。

原則的には全額返済しなければなりませんが、被保護者にやむを得ない事情があるときなど、担当ケースワーカーの裁量で必要経費などが免除されることもあります。

SCENE 5

生活保護適用の分岐点とは

Q12 ケースワーカーに「働けるのでは？」と判断されたら？

A たとえ仕事が決まらなくても、ハローワークなどに行って就労意欲を見せるべき

ようやく生活保護を受けられたからといって、安心は禁物です。たとえば、病状や体調の変化に伴い、生活保護を受ける理由が突然なくなることだってあるからです。

「被保護者といえども、常に持てる能力を活用すべし」というのが、福祉事務所からのメッセージなのです。病気が快方に向かえば「そろそろ働けるのでは？」とポンと肩を叩かれ、当人の稼働能力活用が指導されることになります。

実際には、仕事が見つからなければ稼働能力なんて活用しようがないのですが、要は結果論よりも、どれだけ熱心に仕事を探したのかが問われることになるのです。

そこで、求職活動に対する意欲と、仕事に対する強い熱意を見せなければなりません。また同時に、仕事のスキルを磨くことも大事です。たとえ努力が実を結ばなかったとしても、足繁くハローワークなどに通うことなどが評価されるのです。さまざまな能力が眠っていな

いかが問われるのです。

仕事ができるか、病気なのか、資産があるか、収入があるか、扶養できる親族はいるかなどを、役所は本人の同意書をもとに何度も調べるのです。

調査がいったん終わったからと言って、その後ないと思ったら大間違いです。

とくに、被保護者が、若かったり元気そうであると、「自立助長ケース」という扱いに抜擢（選定）され、家庭訪問や関係先調査などの回数が他ケースに比べ格段に増え、監視も強化されることがあります。

Q13 医療費と教育費だけ何とかしてもらいたい……

A 「医療単給」を利用する。ただし、申請の手間隙は生活保護同様かかる

生活費は何とかしのげるのだけど、医療費と教育費が足りないという場合には、単給という仕組みがあり、たとえば病院の費用だけみてもらえる**医療単給**という方法があります。

これは、ありがたい制度ではありますが、やはり生活保護で対応する限りは、資産調査や扶養照会、収入申告の義務はついてまわります。

一般的に、教育費については負担感が少ないため、教育扶助だけを切り離して生活保護の対象とはしません。

ちなみに扶助の中身は、中学生までの給食費や教材費、通学交通費などです。高校生の教育費は、教育扶助ではなく生業扶助の扱いとなっています。

Q14 住む場所がない……

A 生活保護を受けるのに、住民登録は必要なし！

公園やネットカフェに住んでいる人たちも、生活保護は受けられます。生活保護が認定される条件として、住民登録をしているかどうかや、住民税の支払いの有無は関係がありません。関係があるのは、体調がどうで収入があるのかどうか、現在どこに住んでいるのかなどです。

ただ、公園や路上、河川敷などで寝起きしていると健康上、あるいは安全上好ましくなく、電気や水道も使えません。

また、役所からの郵便物も届きません。昨今は、堅固なダンボールハウスも見受けられますが、公共の場所を不法占拠していることに変わりありません。役所は、現況を追認するわけにはいかないため、要保護者に対して施設や病院に入るように説得します。

Q15 日本人以外は生活保護を受けられない？

A 保護用件を満たしていれば可

生活保護は日本人ではなくても、保護要件を満たせば受けられます。観光ビザではダメですが、在留資格があって、外国人登録をしていれば可能です。

ただ、在日外国人に**現在地保護**（住民登録などをしている居住地が明らかであっても、困窮している現在地を基点に保護を開始すること）の原則はなく、外国人登録をしている市区町村が生活保護の実施機関となります。たとえば、東京の品川区に外国人登録をしている在日外国人が、旅先の北海道で行き倒れ、意識不明のまま病院にかかって生活保護を受け、あとになって日本人でないことがわかったケースなどは、差し当たっては北海道の某福祉事務所で対応することになります。後日、在日外国人であることが判明した段階で、品川区に実施機関が移管（転居先を管轄する福祉事務所が生活保護を引き継ぐこと）されることになります。

また、重篤で転院できない場合は、北海道の病院に入院したまま、医療費と入院日用品費を遠隔地である品川区が実施機関として支給し続けます。

Q16 一人親家庭の場合の生活保護は？

A 各種児童手当と併用できる

母子家庭には児童手当の他に児童扶養手当というものがあります。しかし、子供の数や収入にもよりますが、両方合わせて月5万円程度にしかならないし、一般的に別れた父親からの養育費は不払いの問題が後を絶ちません。そこで、これらの手当とは別に生活保護を受けることも可能です。

生活保護を受けると、児童手当や児童扶養手当などは収入認定の対象になりますが、総受給額は変わりません。

ちなみに、自治体によっては児童育成手当てというものを支給しているところもあり、それは生活扶助費から差し引かれません（収入認定の対象除外）。

２００９年には、生活保護の母子加算が廃止されることが決まり、最低生活費の基準ラインが下がってきています。子育て中の母子世帯が見殺しにされかねない情勢とはいえ、このように母子家庭には、生活保護以外にもいろいろな支援策があります。

しかし都心など、地域によっては空きのある保育園がなかったり、専業主婦であるために社会経験が少なく、就職がむずかしいといった母子家庭特有の問題があります。

なお、父子家庭に児童扶養手当が支給されている自治体はほとんどないため、父子家庭より母子家庭のほうが優遇されている点は否めません。

Q17 暴力をふるっていた夫から離れて母子家庭になるときの相談窓口は？

A 母子生活支援施設がオススメ

夫の暴力から逃げて母子家庭になった場合、生活が成り立たなくなることがあります。このようなケースの場合、別れた夫が母子を探し当て、連れ戻しに来ることも考えられるため、養育費を福祉事務所から催促するようなことはしません。18歳以下の子どもが一緒にいる場合は「母子生活支援施設」を紹介することになっています。

まずは、各地の福祉事務所、児童相談所、婦人相談員、警察などで相談してみましょう。直接、施設に行って申し込むことができます。また、入所者の秘密は確保する仕組みがあり、仮に夫が訪ねて来ても面会させるようなことはありません。

いずれにせよ、養育費の支払いや親権の問題は、法律上の判断が伴うため、福祉事務所ではなく、家庭裁判所や弁護士事務所に相談に行くことも考えるべきです。

生活保護からやがては自立する道をめざそう

生活保護の目的は被保護者の自立支援にあると言われています。生活保護の制度上での自立の意味は、主に経済的自立を指します。仕事をするなどして社会復帰し自活できれば、遅かれ早かれ生活保護からの脱却も夢ではありません。社会的自立にもつながることでしょう。

平成17年度からは国の方針で、以下のフローチャートのように、生活保護制度における自立支援策を、労働行政の失業対策と連携して進めるよう決定されました。

自立支援プログラム

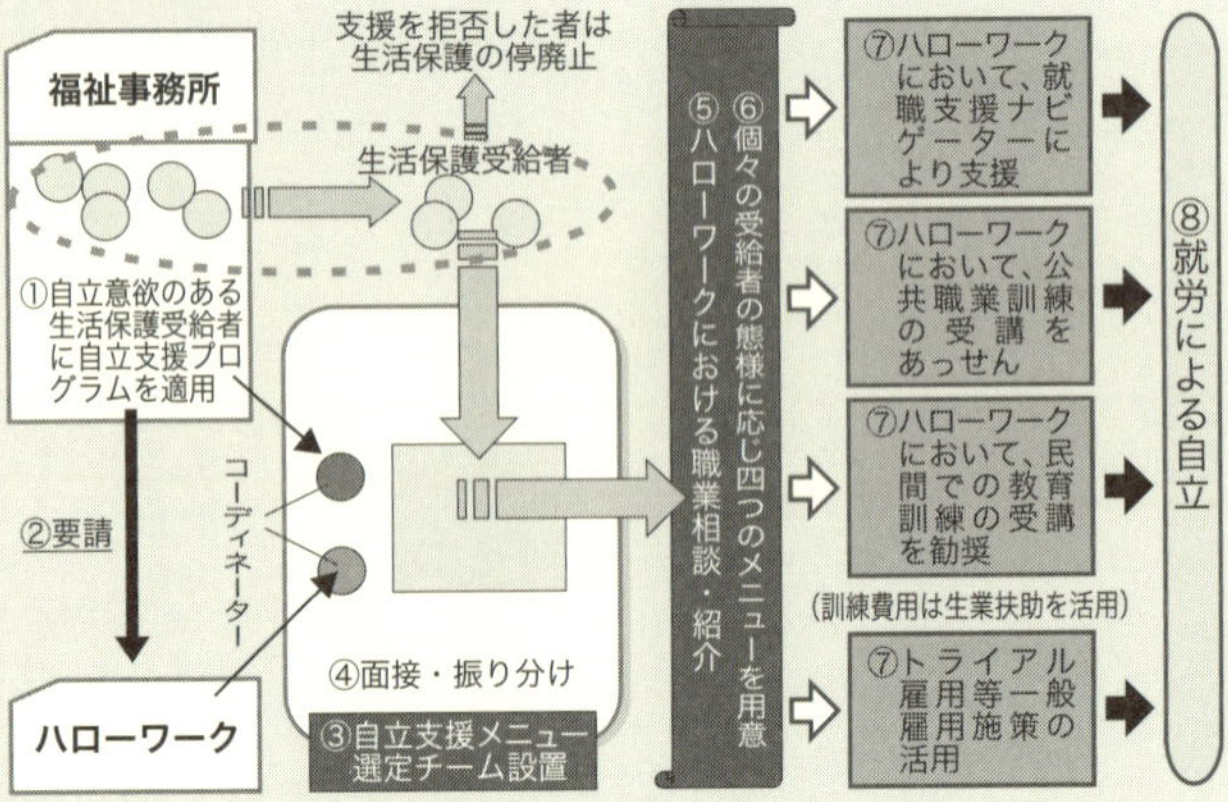

厚生労働省ホームページより

□ 平成18年4月から12月までに新規就労または転職等により増収した生活保護受給者

				(人)
	生活保護受給者等就労支援事業	就労支援プログラム	プログラム以外	合計(1)
新規就労、増収の人数	3,878	9,870	30,288	44,036

【稼働年齢者数　650,350人】……(2)
【稼働年齢者数に対する新規就労、増収した活保護受給者数の割合((2))／(1))　6．8%】

□ 稼働年齢者数に対する新規就労、増収の人数の割合からみた自治体数

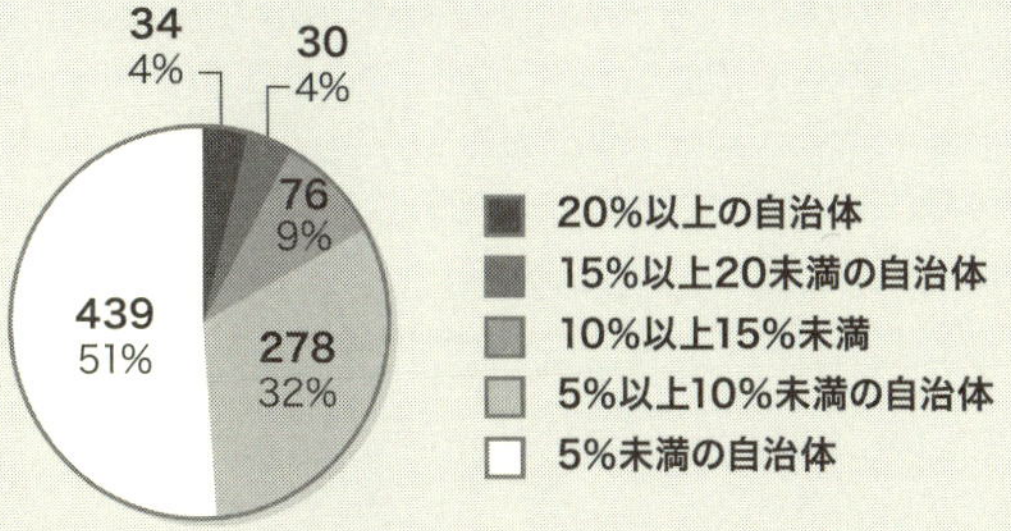

厚生労働省ホームページより

しかし実際には、国が思い描くように簡単に自立などできません。そもそも多くの場合、身体上あるいは精神上、問題や障害があるからこそ生活保護になったのです。そうした問題が簡単に解決できるとは思えないからです。

たとえば、60歳以上で生活保護を受けている人は、いまや全体の過半数を超えています。貧弱な年金制度の欠陥を補足しなければならない役回りの生活保護制度から、高齢者がどうやって自立すればいいのでしょうか。

また、働き盛りの30代、40代であっても、疾病を抱えている非正規労働者であれば、低賃金を補足することも必要です。

そうした人が生活保護を受給するようになった場合、その道を脱け出すことは至極困難です。まして疾病を抱えていれば、体力的にも精神的にも自立への道は険しいと言えます。にもかかわらず、生活保護の目的は自立支援にあると言うのです。

「生活保護の自立」イコール「生活保護の廃止」ではありません。被保護者の精神的な自立や人間関係の改善なども含めた、広い意味での「自立」がめざされるべきでしょう。

「生活保護」と「自立」

自立能力を磨いてから社会復帰することが大切

福祉事務所は、当人の立場に立ってどのような能力があってどのような能力がないのか、また自立し、社会復帰するためには何が必要なのか等、冷静に調査していくことになります。そして、**自立に関して技能を磨くために職業訓練校に通ったりスーツを買うなどの費用を、生活保護の「生業扶助」という支出項目で福祉事務所が負担することもあります。**

こうして、生活保護受給者の持てる能力を、福祉事務所が適正かつ公平に判断することで、本人の自立能力が磨かれ、社会復帰が可能となるのです。

稼動能力があれば原則生活保護は認められない

生活保護と稼働能力は切っても切れない関係があります。一般的に稼働能力があれば、生活保護は適用されないからです。

もちろん、稼働能力がなくても、不動産収入や年金、預貯金、扶養親族などに頼ることができれば、生活保護の対象にはなりません。

さて、稼働能力には個人差がありますが、概ね60歳くらいまでで、仕事内容を選り好みさえしなければ失職することはあり得ず、生活にも困らないという前提があります。

したがって、失業して生活に困窮した相談者が重篤な病気でないとわかると、福祉事務所のケースワーカーが厳しい態度に豹変することは前述したとおりです。生活保護を受けて間もない人に対しても病状が軽くなったり、生活態度が緩んできたりすると容赦しません。自活による保護廃止をめざして、速攻で就労指導がかけられることになります。

はじめは口頭による指導ですが、そのうち文書で「指示書」が出てくる場合があります。これを無視していると、「弁明の機会」を設けられたうえで、生活保護が停止や廃止を措置されてしまいかねません。やっとの思いで保護が受けられるようになった被保護者とはいえ、安心は禁物です。

さて、実際の労働現場はどうでしょうか。日雇い派遣などという不安定な労働形態の出現により雇用全体の流動化が進み、いまや若い労働者の突然の失職は当たり前です。生活保護の最低賃金を下回るワーキングプアの広がりも常態化しています。年功賃金制度は、役所や一部の企業を除きすでに崩壊し、中高年であっても賃金が上がるどころか、年々下がる一方です。就労しても満足な収入を稼げなくなっているのは、もはや個人の問題ではないと言っていいでしょう。

本来、就労収入を得ながらも経済的な不足分を生活保護で補っていく公的責任こそ、福祉事務所に求められる最大の役割なのではないでしょうか。

白紙委任的な同意書には十分注意しよう

生活保護を受ける前後に、**福祉事務所は必ず本人の病状や収入実態、税務関係、資産状況、扶養関係などのプライバシーに関わる点について、役所の強制的な権限で調査します。** 本人の申告が正しいかどうかを調査し、生活保護を適用するに値するかを判断するためです。

そのための法律上の手続きとして、福祉事務所は「同意書」を受け取る必要があります。当事者の同意がないと身辺調査することができないからです。最近は、個人情報の流出にはだれもが敏感となっており、プライバシーを尊重することが社会的な要請事項になっているため、なおさらです。

しかし問題もあります。この同意書には、白紙委任に近い包括的な意味合いが込められており、肝心の当人は何に同意しているのかほとんどわからない状態で、同意書に名前を書かされ、押印しているのです。

本来ケースワーカーは、事前に何を調査するのか、利害関係人に具体的に説明する責任があるはずですが、実際はそんな説明はありません。

そこで、あなたがすでにさまざまな調査を実施されたのなら、役所がいつどんな調査事項を実施したのか、さらにその結果はどのようなものであったか、後日きっちりと報告するように求めましょう。

さて、福祉事務所の調査結果は個人情報にあたり、プライバシーに配慮するとされていますが、調査の過程で本人が福祉の世話になろうとしているという事実が、関係者に漏れてしまうことがあり、問題となっています。

一部だけの生活保護が「医療単給」と「介護単給」

生活費は何とかなるものの、医療費を支払う余裕がなくて病院に行けないという場合、医療単給という方法で生活保護適用になるケースがあります。医療以外のケースにも当てはまり、たとえば介護に関わる負担が払えなければ介護単給という方法もありますが、介護扶助だけを切り離しての保護は現実的ではありません。

さて、健康保険に加入しているものの医療費の自己負担ができない場合、3割を生活保護で払うことになります。また、結核などの病気は公費で医療費がほとんど支給されます。

ただ、国民健康保険と生活保護は併用ができないため、被保護者になると国民健康保険の権利は使えず、保険該当分や自己負担分は全額生活保護で負担されることとなります。

また、病院での診察だけではなく、治療するための材料費や病院への往復の交通費も、医療に伴う出費ということで生活保護から支給されます。

コ　「生活保護」と「自立」

生活保護費目的の貧困ビジネスに注意！

生活保護においては、「現在地保護の原則」が問われます。

ホームレスの人は、病気や怪我が重篤であれば別ですが、帰郷先や宿泊先がないので生活保護の対象になりにくいと言えます。

ですから、いったん施設や病院に入って起居先を確保してから生活保護の申請をするように指導されています。

ところで、バブル崩壊後急増したホームレスが、昨今減少していると言われます。原因のひとつは、平成10年ごろからの簡易宿泊所の急増にあります。

これは、古くなったアパートや民家を改造し、路上生活者を泊らせ、彼らに生活保護を受給させるというもので、保護費の大半を搾取してしまうため、「貧困ビジネス」の温床となっています。

しかし、一部屋に何人も収容するなどの劣悪な環境に行政の規制がかかり、平成16年ごろからこの種の宿泊所は減少してきています。

代わって登場したのが、繁華街のネットカフェやレストボックスで、一応個室ではあるものの、横になったり炊事できるスペースはなく、利用者は半ホームレス状態にあると言ってもいいでしょう。
居住先が定まらなくても、体調が悪化して仕事ができなくなったり、病気なのに医療費が払えなくなったりすれば、早めに相談に行くべきでしょう。

宿泊所数の年度推移（東京都）

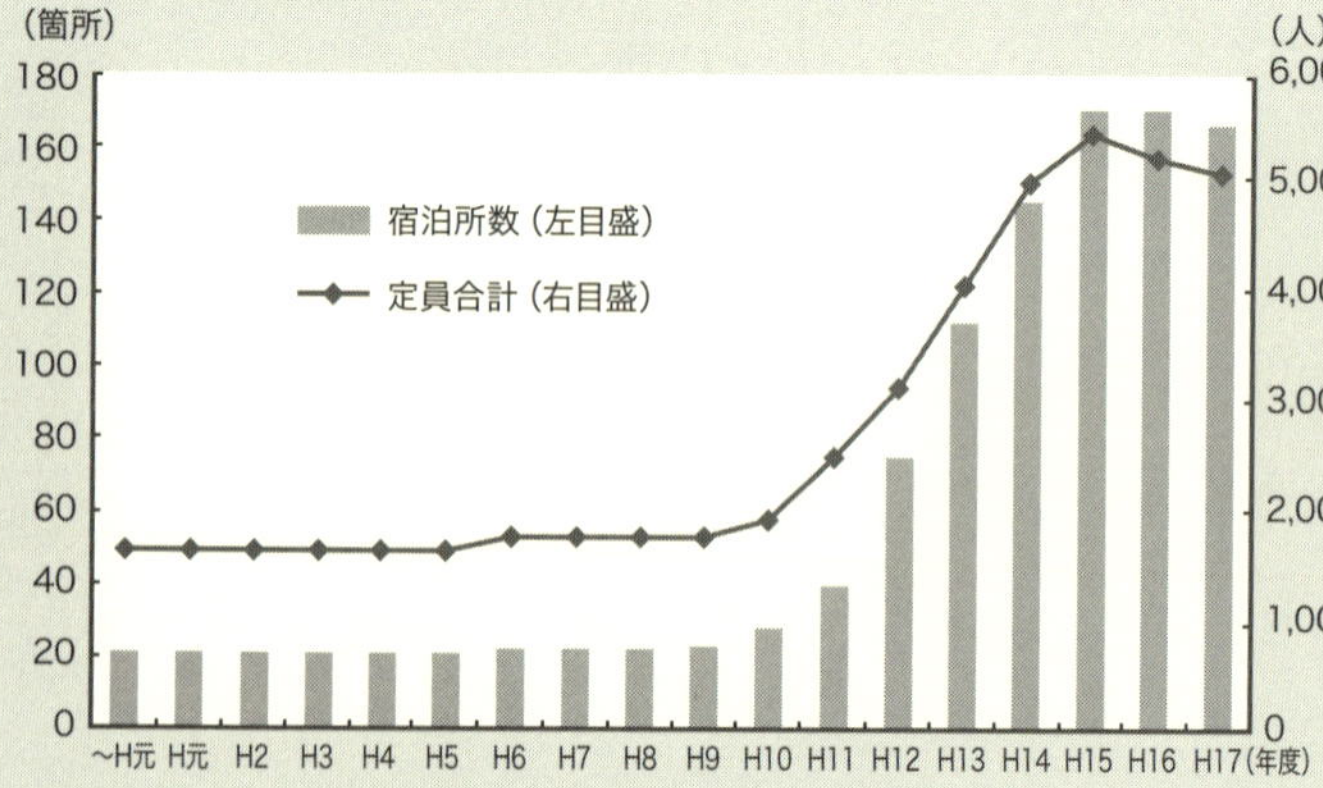

東京都・生活保護を変える東京提言（平成19年）より

「生活保護」と「自立」

「母子家庭」も「父子家庭」も同等に扱われる

父子家庭に児童扶養手当が支給されている自治体はほとんどありません。統計上、父子家庭が経済的に苦しくないということなのかもしれません。もっとも、児童扶養手当が支給されないがために生活が苦しいのであれば、生活保護を申請すればいいのです。

ちなみに、**生活保護法に盛り込まれていた「母子加算」という恩典も、2009年をもってなくなる**ためので、生活保護の適用に当たっては、母子家庭と父子家庭を差別する規定はほとんどありません。児童扶養手当が支給される母子家庭であっても、保護受給中はすべて収入認定の対象です。

ところで、母子家庭や父子家庭の生活困窮という問題を解決するには、その背景や理由にメスを入れなければなりませんが、福祉事務所だけでただちに解決できるものではありません。

たとえば、離婚した元夫には別れた妻子に養育費を支払う義務がありますが、支払いが途絶えたからといって、福祉事務所が元夫に支払いを督促するのは越権行為になります。

また、DV（ドメスティック・バイオレンス＝家庭内暴力）から「逃げる母子」という実態もあります。母子で身を隠すところというと、母子生活支援施設という公的な施設があります。

入所に当たっての負担はありますが、低所得で非課税世帯の人は無料です。もちろん生活保護を受けている人もいます。

SCENE 6

生活保護とのつき合い方

Q18 ケースワーカーは信用できるのか？

A プライバシーは守ってほしい

生活保護がはじまると、自分の担当になるケースワーカーが決まりますが、受給者にとって気になるのは彼らとの相性でしょう。相談者のケースによって態度や扱いを変える立ち位置の不安定なケースワーカーがいる一方、どのような相談者に対しても厳し過ぎたり優し過ぎる、硬直的で柔軟性に乏しいケースワーカーも存在するため、注意が必要です。

多くの場合、その地域ごとに担当エリアが決まっているため、嫌だと思っても住んでいる場所を変えない限り、居住地を管轄するケースワーカーを変えることはできません。

それにしても、生活保護がはじまったら突然役所の人間がたずねてくるし、「そんな姿を近所の人に見られたら嫌だなあ！」と思われることもあるでしょう。

しかしご安心ください。生活保護を受けているという秘密は、親族や関係機関等を除き秘匿されることになっています。とくに、不特定多数への情報漏洩は犯罪であり、公的責任が問われるものであることから、制度上、被保護者の情報は厳しく管理されています。

Q19 他人の眼が気になってしまう

A 生活保護は国民の権利。堂々と受給しよう

生活保護を受けるようになると、肩身が狭くなったり、世間からのイメージが悪くなる、と考える人も多いようです。

だれだって生活保護のお世話になるかも知れないのに、残念ながら、いまだ偏見があることも事実です。保険ではなく税金が原資であるため、生活保護を受けていない貧困層からもやっかまれてしまうのでしょう。

ただ、勤め先の会社が突然つぶれてしまうとか、病気になって失職してしまうなど、個人の責任を超えた原因がある場合もあります。だからこそ、貧しい人々を国家の責任で救済しなければならない場合もあるわけです。また、支え合うという発想も大事です。生活保護はれっきとした国民の権利なのです。

Q20 生活保護が打ち切られることはあるか？

A ケースワーカーの指導に従わなかったときには可能性あり

物事はすべて、いつかは終焉が来るものです。いまは生活保護を受けている人も、この先大丈夫かどうかはわかりません。

当然、生活保護にも終わりがあります。ただし、当人の希望で辞退するときと、行政の措置として廃止の処分になるときに分かれます。

たとえば、ケースワーカーからの再三にわたる指導・指示を拒否したときや、莫大な収入があるにもかかわらず申告しなかったときなどに、生活保護を廃止されてしまうことがあります。

ただし、**役所の決定がすべて正しいとは限らないため、廃止されても泣き寝入りすることなく、法的な手段に訴えることもできます。**

被保護者にとって不利になる決定には、不服申立てができる制度が用意されています。

Q21 苦しくなってからではなく、苦しくなりそうなときに申請しても大丈夫か？

A 確実に困窮が予測されるなら可能

あまり知られていないことですが、生活保護申請というのは、生活に困窮する前に行なってもいいのです。確実に困窮するのが時間の問題であるような場合、生活保護の申請をすることができます。

にもかかわらず、実際はボロボロに困窮してからでないと福祉の世話にはなれないと思われているようです。

世間の常識にとらわれる必要はありません。経済的に苦しんでいる人は、お互いに勇気を与え合い、明日から福祉事務所に、一人でも二人でも、あるいはみんなで乗り込んで行くことにしようではありませんか。

プライバシーを保つために、必要以上にケースワーカーと接触しない

保護の相談からはじまって実際に保護を受けるようになるまで、家族構成や収入実態、身体状況など、申告者の身辺はしっかり福祉事務所の調査対象になります。いわば、プライバシーが丸裸にされるようなものです。そうした調査記録は、役所の責任できちんと管理されるはずですが、公務員といっても人間が携わることですから、故意、過失を問わず、情報が流出することがまったくないわけではありません。

役所の業務に密接に関わりのある立場の民生委員や児童委員、ケアマネジャーなど、民間の福祉従事者にも情報が共有されることもあり、プライバシー保護の責任は役所だけに帰するものではないため、関係者は慎重な対応が求められることになります。

ケースワーカーが、外で被保護者にうっかり声をかけてしまうこともあるようですが、そうした場面は近所の方に見られてしまいかねません。筆者の経験上、ケースワーカーの風貌や態度には特有の共通点があり、とくにキャリアの長いケースワーカーは街の中では顔馴染みでもあるため、人ごみなどで安易に声を掛け合うことは注意すべきです。

受給後の注意点

突然のケースワーカーの家庭訪問には十分に注意する

生活保護を受けるようになると、被保護者の義務として、世帯員の数や収入額の変更の際の届け出義務があります。また、日常生活の中での突然の訪問にも耐えなければなりません。事前の連絡なしにケースワーカーがたずねて来ることは、保護を受ける立場の宿命です。

被保護者の健康や生活状態によっても異なりますが、**訪問される頻度は、毎月1回から3か月に1回のケースまでさまざま**です。入院や入所をしている場合は6か月に1回程度の調査訪問となっています。

在宅ケースが訪問を受けた場合、世帯主等が仮に不在であれば、再訪問を受けることになります。被保護者の家族構成等が申告どおりか、日常的な生活状態に変化がないかなどを実態調査することが目的であるため、電話等ですむものではありません。

そうした役所職員が、頻繁に訪れる姿を近所の住民に見られることはしばしばあり得るため、自ら言わなくても、生活保護を受けていることが住民に知られてしまう原因となっています。

ケースワーカーの理不尽な挑発には乗らない

被保護者は、義務として生活態度の改善や療養生活の維持に努めなければなりません。担当のケースワーカーはそうした視点に立って、自分が担当する被保護者を観察し、チェックします。仮に問題点が見つかれば本人に注意し、それが改まるまで改善策を提示していくことになります。

たとえば、定期的に通院すべき病院に行かなかったとき、通院しても医師の指示を守れなかったとき、病院で出された薬の服薬を中止してしまったとき、定期的に申告すべき報告書等を提出しなかったときなど、生活保護の基本的なあり方に背くような姿勢が明らかになれば、早急に改善すべし、と指導の対象となります。

被保護者は、口頭や文書などで生活態度の改善や療養専念を指導されますが、なかには安直で強引な指導内容もあり、人生経験豊かでプライドのある人にとっては、それまでの生き方を否定されることでもあり、耐えがたく思うときもあるでしょう。

とは言え、ケースワーカーに逆らえば指導指示違反となり、生活保護の停止や廃止も検討されてしまうため注意が必要です。

みなさんは、こんな安っぽい追い込み作戦にはくれぐれも引っかからないでください。一見、理不尽に見えるケースワーカーの怒号の中にも、いくばくかのメッセージが隠されているものです。冷静になって、職員の言説の中から、役所のあり様や職員の立場などを探ってみましょう。

ケースワーカーとの信頼関係が問題解決の鍵

被保護者の中には、ケースワーカーを敬遠する向きもありますが、保護を受けている限り、さまざまな生活上の相談をしなければならず、親密な関係を維持していたほうが得策です。

そもそも財政収支上、役所と被保護者は保護費の支出を巡って利害が対立する構図となっています。

したがって、従前より「保護費抑制」を錦の御旗に掲げた安上がり行政は、目先の被保護者を無理に排除しようとしがちです。しかし、強引とも言える手法で要保護者が寒空に放り出されることによって、かえって彼らの病状や生活状態は悪化し、結局のところ公的な将来負担が増してしまうことは少なくなく、皮肉な結果と言えるでしょう。

ならば､双方が貧困解消という課題に取り組んで目前の貧困問題を解決して行ったほうが、長く見れば安くつき、経済的にも合理的なのではないでしょうか。ケースワーカー、被保護者双方が、わずわしい問題を回避せずに人間的な信頼関係を醸成していくという責任と覚悟を持って、目の前の貧困問題解決に取り組んでいく積極姿勢が求められています。

受給後の注意点

生活保護で受給されるのは大きく分けて「金銭」と「現物」

生活保護で受給されるのはお金とサービスです。それぞれ「金銭給付」と「現物給付」とも言い、８種類の扶助に分けられます。**生活扶助、住宅扶助、教育扶助、医療扶助、生業扶助、出産扶助、葬祭扶助、介護扶助の8種類**で、困窮した人にとっては、日常生活におけるすべてのニーズに対応できるものとなっています。

中でも、生活、住宅、教育、医療、介護などは継続的な扶助ですが、生業、出産、葬祭は一時的な性格を持った扶助です。最低生活費を計算する根拠となる基準額は、主に前者の扶助額を合算したものになります。

その他、臨時的に支給されるものに、被服費、家具什器費、移送費、入学準備金などがあり、さらに冬になると暖房費として加算される冬季加算や年末に支給される期末一時扶助費、乳飲み子のいる家庭にミルク代として人工栄養費とおむつ代などもあり、生活扶助に加えて支給されます。

最低生活費の体系

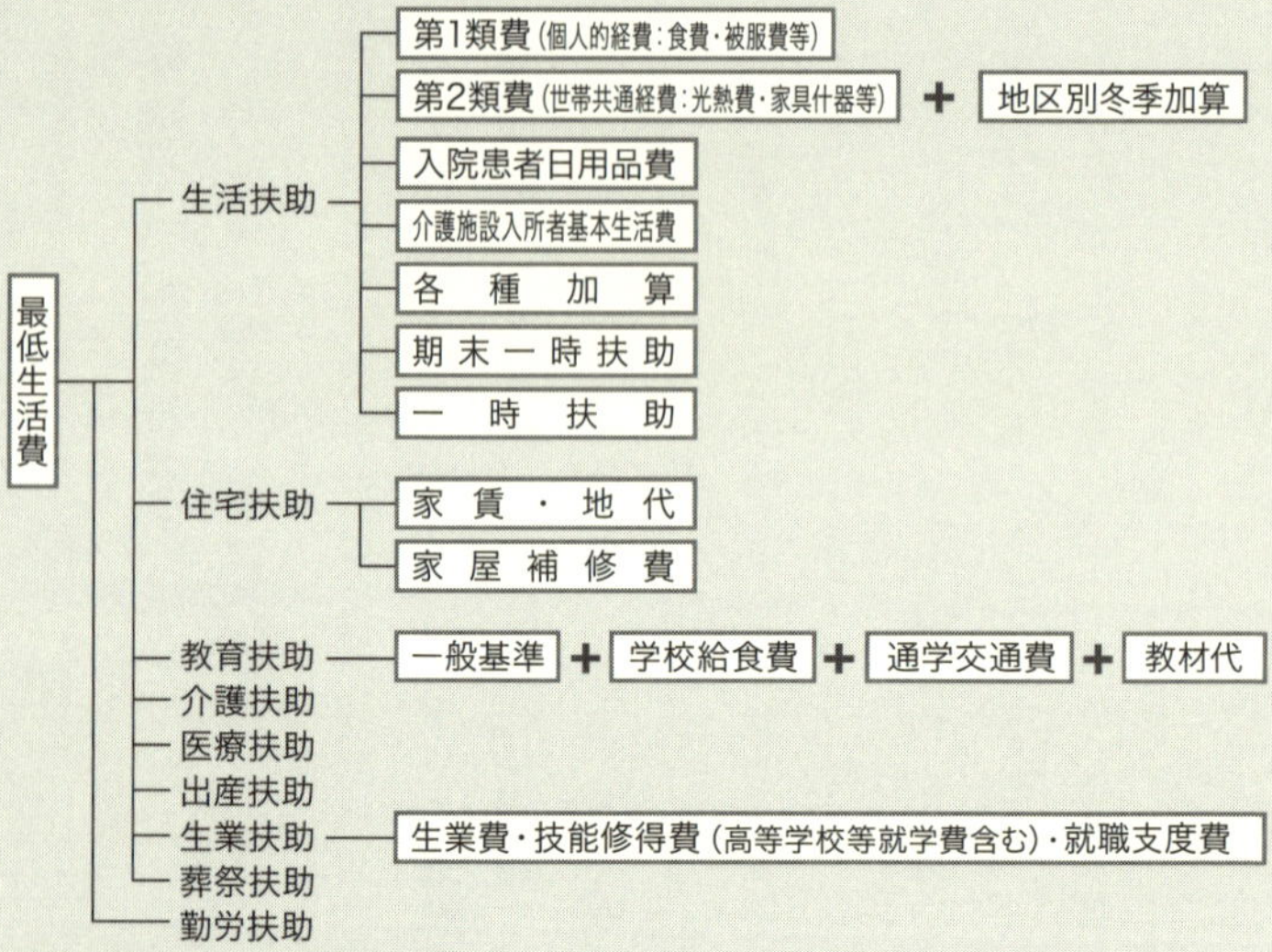

厚生労働省　社会援護局保護課　全国福祉事務所会議（平成 20 年）資料より

生活扶助の種類と内容

扶助の種類	扶助の内容
(1) 生活扶助	食べるもの、着るもの、光熱水費など日常のくらしの費用
(2) 住宅扶助	家賃、地代など
(3) 教育扶助	義務教育に必要な費用（給食代、学級費を含む）
(4) 介護扶助	介護を受けるための費用のうち、介護保険から支給されない分
(5) 医療扶助	ケガや病気の治療をするための費用（通院費、コルセット、眼鏡、看護料を含む）
(6) 出産扶助	お産をするための費用
(7) 生業扶助	高等学校等就学費用、自立のために技能を身につけるための費用
(8) 葬祭扶助	葬式の費用

新宿区ホームページより

※　一時扶助（一時的な需要に応じるための扶助）

ア　被　服　費――学童服・紙おむつ等・ふとん代（再生か新規購入）など

イ　家具什器費――炊事用具・食器代など（新たに自活する場合などで持ち合わせがないとき）

ウ　移　送　費――転居、入退院、肉親の葬式に行く交通費など

エ　入学準備金――小学校・中学校入学の際、入学準備のために必要な費用

オ　その他、転居する場合の敷金・礼金・運送費、契約更新料や配電設備費と水道・井戸または下水道設備費など

いずれも、支給には一定の条件があります。

生活保護には「加算」、「重複調整」二つの仕組みがある

前ページでは生活保護を受けるともらえるものを列挙しましたが、他に加算という仕組みもあります。被保護世帯によってはさまざまな特殊事情を抱えているため、支給される扶助額だけでは不足する恐れがあり、そうした不足分を補うというのが各種加算の目的です。

身体障害や母子家庭、妊産婦、特定疾病に該当するような場合、日常生活を送るうえで特別な支給が必要不可欠であるとの理由があり、障害者加算、妊産婦加算、在宅患者加算、放射線障害者加算、児童養育加算、介護施設入所者加算、母子加算（2009年廃止）、老齢加算（既に廃止）などがあります。

なお、**生活保護を受けている同一世帯がさまざまな加算を同時に受けることを抑制する仕組みもあり、加算における「重複調整」と言います。**

たとえば、母子加算を認定されている世帯がさらに障害者加算を同時には受けられないということです。その際、被保護者はどちらか金額の高いほうを選ぶことになります。

受給後の注意点

生活保護では さまざまな優遇措置がある

生活保護を受けるようになると、それまで支払いの義務のあったさまざまな公共料金等の支払いから逃れられます。

他の貧しいワーキングプア層にはないこうした待遇は、被保護者を「3日やったらやめられない」と言わしめる背景ともなっています。被保護者がこうした数々の恩典に与《あずか》れなくなる恐怖心から、なかなか保護から脱け出せないのもまた事実で、世の福祉否定論者から糾弾されそうですが、そもそも負担能力がないから支払えないのであって、特段萎縮することはないと思います。

ちなみに免除となったり、生活保護費計算時に考慮されるものは、**住民税、所得税、国民年金保険料、NHK受信料、公立高校授業料、母子栄養食品支給、入院助産、保育料、児童養護施設入所負担金、養育医療、更生医療・育成医療・補装具・療育医療、地域福祉権利擁護事業利用料、医療保険（保険料、自己負担）、介護保険（保険料、自己負担）、雇用保険（保険料）、公営住宅家賃（住宅扶助超過額免除等）など**です。

この他各自治体の助成政策として、バス・電車の無料証の支給や交通共済掛金免除、水道料金の減免などもあります。

受給後の注意点

生活保護が廃止されるまでの期間は長くなる傾向に

「受けやすく脱しやすく」が生活保護の本来あるべき姿です。しかし、現状は「受けにくく脱せない」仕組みとなっています。換言すると、いったん保護となれば生涯にわたって「保護を受け通すしかない」ということです。

被保護者は、保護を受けるために数々のハードルを乗り越えて来たわけですから、簡単には脱け出せない特殊事情があるのでしょうし、当人も恵まれた環境を安々と投げ出すようなことはしません。人情として、恩恵、は受け通すというのが一般的でしょう。

しかし、受けるためのハードルを高く設定して

受給期間別被保護世帯数（東京都・平成9～17年度）

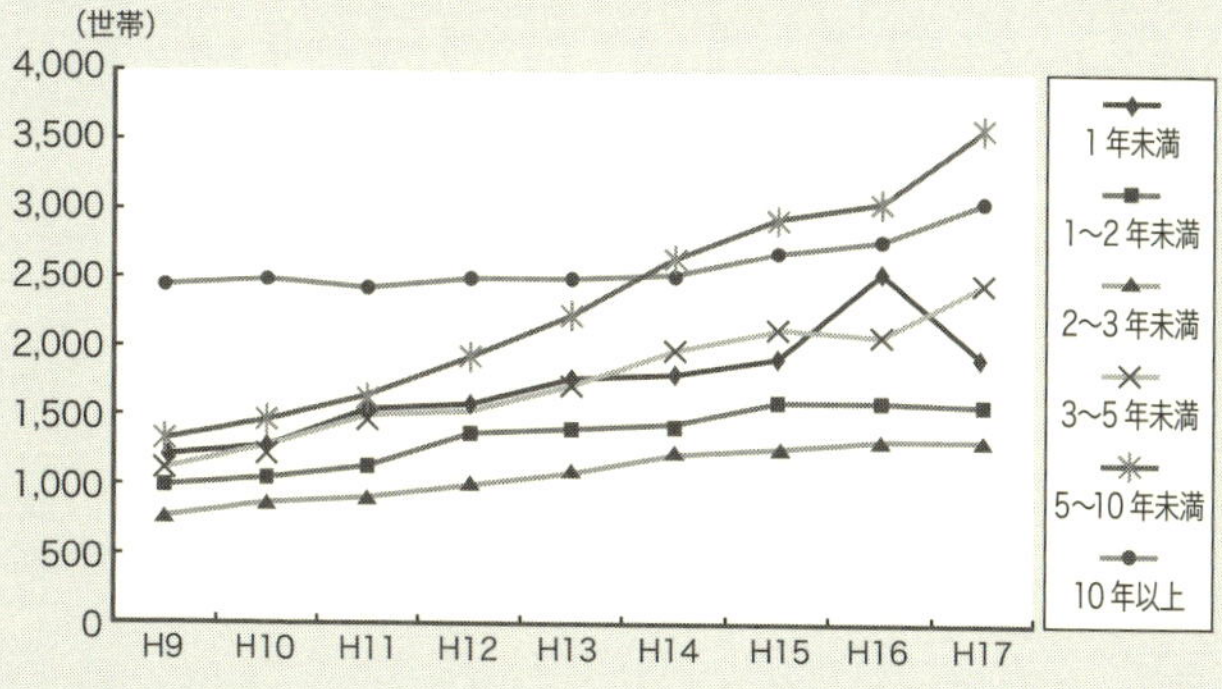

資料：厚生労働省「被保護者全国一斉調査」（抽出調査・抽出率 1/10）

しまった役所にも責任の一端はあります。また高齢世帯の増加もありますが、最近の傾向として、生活保護の受給期間が全般的に長くなる傾向があります。

いったん生活保護が開始されると、一般的に（生活の困窮状態が改善されれば別ですが）よほどのことがない限り生活保護の終わりはありません。よほどのこととは、世帯主や世帯員が死亡した場合、引越しや失踪などで居住地からいなくなってしまった場合などです。

死亡した場合、保護の受給権が別居している子どもや孫に引き継がれることはありません。生活保護は一代限りのものです。失踪の場合は、居所がわからないため、保護のしようがありません。保護の廃止日は死亡したり、いなくなった日の翌日です。

さて、事前にわかっている引越しであれば、移管が行なわれます。移管の手続きは、被保護者が引っ越す1か月程度前までに、それまで管轄していた福祉事務所が転居先の新しい福祉事務所に連絡し、保護の引継ぎがスムーズに進むように処理します。

また、病院への入院や施設への入所などにより最低生活費が下がって、収入認定されていた年金収入などが保護費よりも上回る場合には保護が廃止となります。

もちろん、医療や介護の費用は、保険を活用しても1割負担等を自己負担できなければ廃止にはなりません。

なお、犯罪を犯して刑務所に収監されたような場合にも生活保護は終了となります。

□ 保護廃止の主な理由別世帯数の構成割合（各年9月）

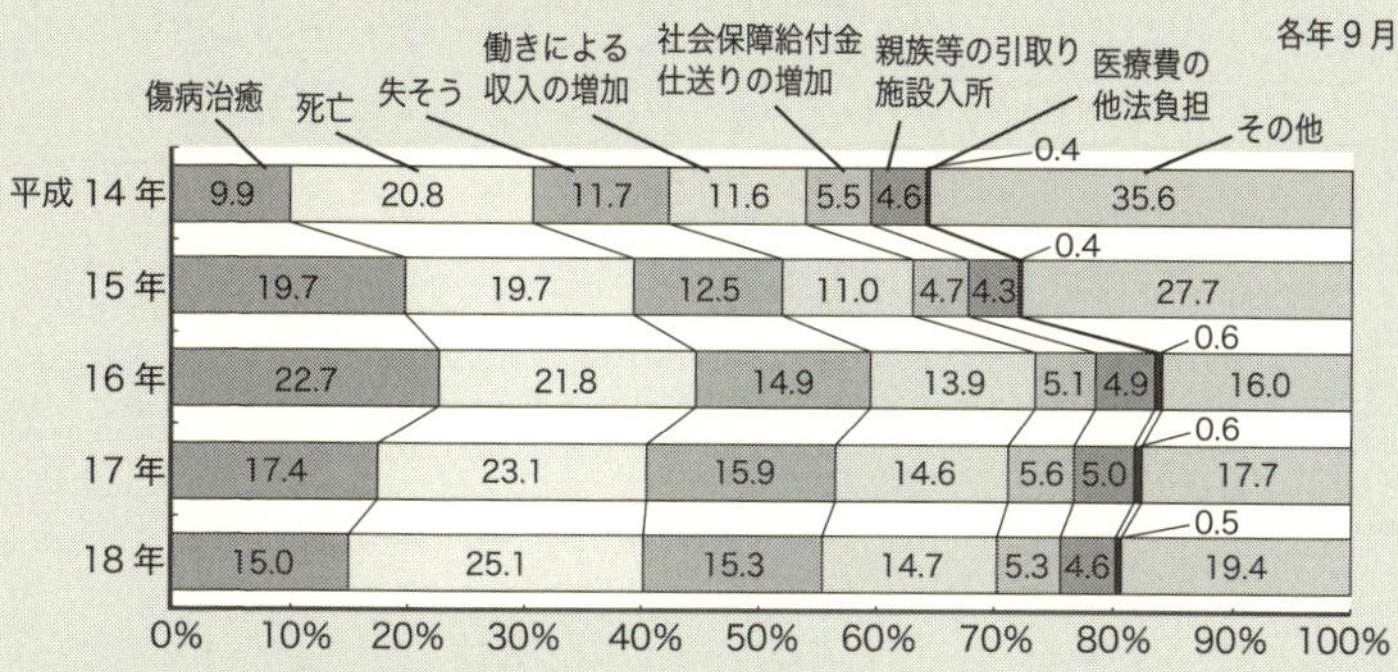

注：平成 14 年の「その他」の中には「急迫保護で医療扶助単給」を理由として保護開始した世帯が含まれている。

福祉行政報告例

まれに、被保護者が自ら保護を辞退することがあります。保険金や遺産が入ったとか、就労の見込みが立ったことなどがその理由です。給料などが入るまでの間、期間限定で生活保護を受けるといったケースもあります。

死亡や失踪による廃止事例以外は、ほとんど被保護者の責任や同意があってのものですが、被保護者としての守るべき義務を果たさなかったペナルティとして、福祉事務所の権限で廃止される場合もあります。

以上、保護の「廃止」をもって期間終了するケースですが、「停止」という措置もあります。

これは、役所が少しの間様子を見る必要があると判断した場合の措置で、手続き的な面で、廃止に比べて停止にしたほうが再開する

保護の開始、廃止世帯数の年次推移

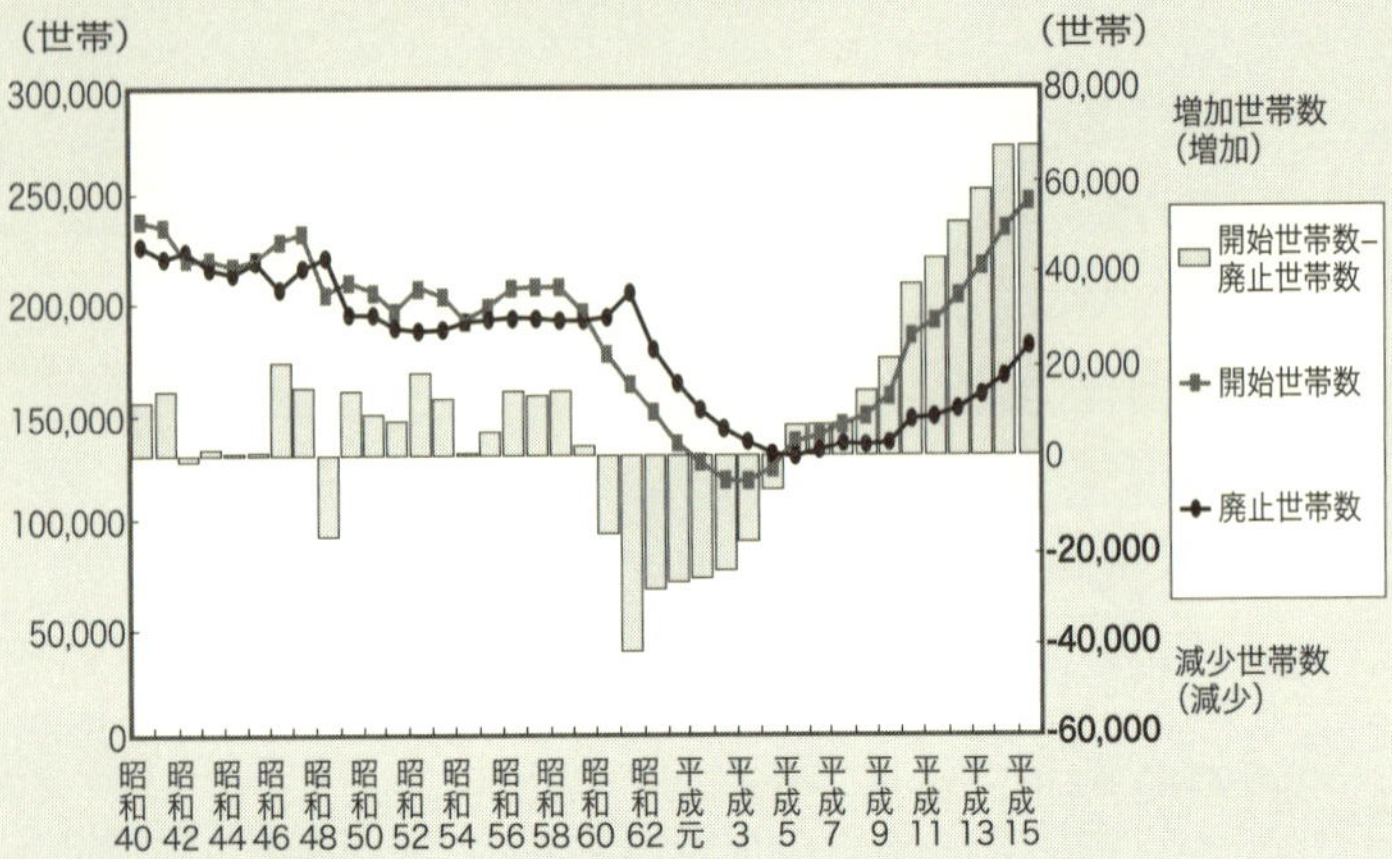

資料：福祉行政報告例

ときに事務処理上簡単であるため、行なわれる措置です。

そして近年、保護の開始世帯数が景気の影響により急増している一方、廃止世帯数は微増に止まっています。このため、被保護人員、世帯ともに増加しているのが特徴です。

景気がよいときほど、開始と廃止の件数が同程度に推移しています。いわば、失業中のつなぎの役割を生活保護が担っているからでしょう。

受給後の注意点

指導指示違反者は生活保護を打ち切られても仕方がないか

生活保護を受けるようになった被保護者は、療養に専念する義務を負うとともに、担当ケースワーカーからの生活上の助言や指導を受け入れなければなりません。これは、公費で生活扶助や医療扶助等を支援されている立場の宿命とも言えます。

ですから、**収入申告書等の提出拒否や通院の中断、生活費の無駄遣い、飲酒などの問題を担当ケースワーカーから指摘されてもその指示に従わなかった際には、生活保護の停止または廃止が可能と規定されています（生活保護法62条）。**

本人が引き続き保護を受けたいと希望し、客観的に見て保護を受け続けるに値すると判断されても、「指導指示違反」で生活保護が廃止されてしまうのは問題です。しかし、生活保護法の趣旨に反する脱法行為はきっちり罰しなければならないという法意が優先されています。

こうしたペナルティは、「保護の受給中は何をやっても許される」というモラルハザード（道徳の危機）を防ぐ狙いがありますが、指導指示違反の表層部だけを取り出して被保護者の存在を否定してしまうことは許されません。安易な行政処分に流れがちな昨今の福祉事務所に慎重な判断が求められています。

もっとも、こうした権力的な処分に対しては、事前に本人の弁明の機会を設けたり、事後的に不服申し立ての制度を用意するなどして、役所の一方的な恣意性をなくそうとする制度上の配慮もあります。福祉事務所サイドは、被保護者の生存権を奪ってしまいかねない「廃止」や「停止」の処分には、慎重な対応を心がけなければなりません。

書類上、もしくは外見上、被保護者が廃止に同意したかのような体裁を整えても、現実には就労自活を無理強いしているに過ぎないケースが後を絶たないことは、昨今頻発する生活保護廃止直後の餓死事件を見ても明らかです。

受給後の注意点

福祉事務所で書かされる「辞退届け」に要注意！

前述したような行政処分は、一般市民からの批判が強まりかねないため、**福祉事務所によっては、「辞退届け」を書かせて本人が自分の意思で廃止を希望したかのような体裁作りに走る裏ワザも横行しています。**役所がマスコミなどから批判の矢面に立ったときの、いわばアリバイ作りとも言えます。あたかも、本人が自分の都合で保護の辞退を申し出た格好なら文句も出ないと言わんばかりです。

生活保護の廃止処分と自活指導をセットで実施している福祉事務所は多く、実際は経済的自立の目途などないにもかかわらず、「辞退届け」を無理矢理書かせて自活指導と称し、そのドサクサで生活保護を廃止してしまう。そして結局、生計が破綻して餓死にまで至る事件が頻発していることは、「指導」に名を借りた福祉事務所の職権乱用とさえ言えるでしょう。

昨今、こうした荒業に社会的非難が集中したため、一時の強引な手法は鳴りを潜めていますが、これで保護抑制への流れが収まったわけではなく、今後も注意深く見ていく必要があります。

虚偽、不正受給は犯罪。厳しい返還請求が待っている

生活保護を受けるために名前や住所、年齢、家族構成、経歴、収入額、資産の有無、扶養家族の実態などについて虚偽の申告を行なった場合、生活保護の不正受給に該当し、「保護の廃止」や「保護費の返還」が求められることになります。

単なる過失により、うっかり間違った申告になってしまったという程度であれば、悪意性や故意性が薄いため、修正申告等ですむ場合があります。

ところが、重大な過失や明らかな故意による虚偽申告であれば、不正受給と見なされ、生活保護法上の処分の対象になるだけではなく、詐取ということで刑事罰の対象になる場合もあります。

生活保護法上の処分とは、同法78条による返還命令です。当然金品の返還も求められます。故意性が薄く不正受給に該当しなければ、同法63条による返還請求となり、返還額は状況を斟酌したうえで減免されることもあります。

1　不正受給件数、金額等の推移

年度	不正受給件数	金額	1件当たり金額
	件	千円	千円
14	8,204	5,360,659	653
15	9,264	5,853,929	632
16	10,911	6,203,505	568
17	12,417	7,003,465	564
18	14,669	8,976,185	612

資料：厚生労働省　平成18年度監査実施結果報告

2　不正内容

内訳	平成18年度	
	実　数	構成比
	件	%
稼働収入の無申告	7,885	53.8
稼働収入の過小申告	1,440	9.8
各種年金等の無申告	2,363	16.1
保険金等の無申告	501	3.4
預貯金等の無申告	221	1.5
交通事故に係る収入の無申告	281	1.9
その他	1,978	13.5
計	14,669	100.0

資料：厚生労働省　平成18年度監査実施結果報告

原則返還対象となる一時金収入（ギャンブル、香典、お祝い金など）

保護を受けてからは、どんな一時金収入であっても、またどんなもらいものであっても届け出なければなりません。

競馬やパチンコでの賞金は、いくら掛金や投資金額が高かったと言い張っても元手を控除扱いというのは認められず、すべてが返還の対象となってしまいます。

これを申告しないでいると、収入の過少申告による不正受給の嫌疑をかけられ、ペナルティとして全額返還どころか罰金まで課せられて、収入額以上の徴収金額になることさえあります。

もっとも、申告しても収入認定の対象となる場合とならない場合とがあります。多くは収入認定の対象となりますが、地域の慣習や本人の自活につながるような場合は返還免除となります。

受給後の注意点

生活保護の目的は「困窮対策」から「防貧対策」へ

そもそも、生活保護の目的は何でしょうか。教科書的に言うと、個人のレベルでは「自立支援」でなければならないのでしょうが、社会的に言えば「防貧」対策があるべき姿なのです。貧しくなってしまってから事後的に救う「救貧対策」では遅いのです。困窮状態をあらかじめ防ぎ、健康で文化的な生活レベルをだれもが事前に保証されることが、現実的かつ社会的な要請であるはずです。

しかし残念ながら、現状はそうはなっていません。すでに困窮状態に陥ってしまった人を救い出すことが、生活保護の事実上の目的になっています。現状の生活保護政策は、いわば救貧事業なのです。そもそも、いったん貧窮してしまうと人はなかなか立ち直ることはできません。病状は悪化し、体力的にも精神的にも深刻な事態を招き、もとに戻るのは容易なことではありません。立ち直りには時間もコストも、そして気力も膨大にかかるものです。

だからこそ、福祉は「困窮対策」ではなく、困窮状態を未然に防ぐ「防貧対策」として機能していくべきなのです。

生活保護制度は他制度と連動している

生活保護の最低基準額は、一般家庭の消費動向をもとに毎年決められます。近年、物価に連動して基準額は上昇してきましたが、デフレの影響か、2003年ごろから基準額の値下げも珍しくなくなりました。

細かく言うと、地域の物価水準や平均賃金などを参考にした地域間の格差も保護費には織り込まれており、他の公的な福祉制度の中には、この生活保護費の基準額を目安として連動する仕組みがあります。たとえば、地方税の非課税基準や減免制度、滞納処分の停止措置等がそれに当たります。

換言すると、生活保護基準以下で暮らしている世帯に対して地方税をかけてはまずいというものです。国民健康保険料や介護保険料の免除や一部減額、障害者自立支援法の利用料の減額、公立高校の授業料の減免、公営住宅の家賃の減免措置なども、すべて生活保護費を基準に連動します。

さらに、低所得者層への貸付けや現金・現物給付などの条件に生活保護基準を用いている制度もあります。前述した生活福祉資金や就学援助などは、その対象者を生活保護基準のたとえば1・5倍以内などと規定し、低所得者層を定義しています。都道府県に設定される最低賃金にも生活保護の基準額は影響を与えます。

実は2007年末、国は最低生活費を下げようと画策しました。最低生活費以下で暮らしている国民が急増しているため、被保護者との格差を縮小しようとするものでしたが、本末転倒の施策です。低過ぎる暮らしを余儀なくされている人々を救済するのが行政の役割であり、より低いレベルに低所得者層を誘導することではないはずです。

結局は、原油高による物価上昇が危惧されたため、保護費削減はいったん見送られましたが、国民生活に広く連動する生活保護の最低基準を再び下げようとする圧力は、次のタイミングを狙っているに違いなく、今後もその動向に注意していく必要があります。

申請書

生活保護法による保護申請書

年　月　日

福祉事務所長殿

住 所
申請者
氏 名　　　　　　　　　　印
(保護を受けようとする者との続柄　　　　　)

次のとおりであるので、生活保護法による保護を申請します。

<table>
<tr><td colspan="8">申請の理由

</td></tr>
<tr><td rowspan="9">保護を受けようとする者</td><td>住所</td><td colspan="6"></td></tr>
<tr><td>本籍地</td><td colspan="6">(筆頭者　　　　)</td></tr>
<tr><td>人員</td><td>氏 名</td><td>続柄</td><td>性別</td><td>生年月日</td><td>職業・収入</td><td>健康状態</td></tr>
<tr><td>1</td><td></td><td>世帯主</td><td>男・女</td><td>年 月 日</td><td></td><td></td></tr>
<tr><td>2</td><td></td><td></td><td>男・女</td><td>年 月 日</td><td></td><td></td></tr>
<tr><td>3</td><td></td><td></td><td>男・女</td><td>年 月 日</td><td></td><td></td></tr>
<tr><td>4</td><td></td><td></td><td>男・女</td><td>年 月 日</td><td></td><td></td></tr>
<tr><td>5</td><td></td><td></td><td>男・女</td><td>年 月 日</td><td></td><td></td></tr>
<tr><td>6</td><td></td><td></td><td>男・女</td><td>年 月 日</td><td></td><td></td></tr>
<tr><td rowspan="4">援助してくれる者の状況</td><td colspan="2">世帯主又は家族との関係</td><td colspan="2">氏　名</td><td colspan="2">住　所</td><td>援助の内容</td></tr>
<tr><td colspan="2"></td><td colspan="2"></td><td colspan="2"></td><td></td></tr>
<tr><td colspan="2"></td><td colspan="2"></td><td colspan="2"></td><td></td></tr>
<tr><td colspan="2"></td><td colspan="2"></td><td colspan="2"></td><td></td></tr>
</table>

同意書

同　意　書

保護の決定又は実施のために必要があるときは、私及び私の世帯員の資産及び収入の状況につき、貴福祉事務所が官公署に調査を嘱託し、又は銀行、信託会社、私若しくは私の世帯員の雇主、その他の関係人に報告を求めることに同意します。

福祉事務所長殿

年　月　日

住所

申請者

氏名　　　　　　　　印

■ 収入申告書（表）

収入申告書

年　月　日

福祉事務所長殿

住所
申告者
氏名　　　　　　　　　印

私の世帯の総収入は、次のとおり相違ありません。

1. 働いて得た収入(義務教育終了者は、すべて記入してください。)

	収入を得ている者の名前	仕事の内容勤め先(会社名)等		収入状況			
				前3カ月分			当月分(見込額)
				(　)月分	(　)月分	(　)月分	
			収入	円	円	円	円
			必要経費	円	円	円	円
			就労日数	日	日	日	日
有			収入	円	円	円	円
			必要経費	円	円	円	円
			就労日数	日	日	日	日
			収入	円	円	円	円
			必要経費	円	円	円	円
			就労日数	日	日	日	日
	上記の収入、必要経費、就労日数等を証明する資料は別紙のとおりです。						

	収入のない者の名前	収入のない理由
無		

(裏面に続きます)

収入申告書（裏）

収入申告書(裏面)

<u>※記入に当たっては下の「記入上の注意」をよくお読みください。</u>

収入認定欄

2. 恩給・年金等による収入(受けているものを○で囲んでください。)

有 無	国民年金、厚生年金、恩給、児童手当、 児童扶養手当、特別児童扶養手当、雇用保険、 傷病手当金、 その他(　　　　　　　)	収入額	月額　　　　　　円 年額　　　　　　円

3. 仕送りによる収入

		内　容	仕送りした者の氏名
有 無	仕送りによる収入	円	
	現物による収入	米、 野菜、 魚介 (もらったものを○で囲んでください。)	

4. その他の収入

		内　容	収　入
有 無	生命保険等の給付金		円
	財産収入 (土地、家屋の賃貸料等)		円
	その他		円

(記入上の注意)

(1)この申告書は、保護を受けようとする者が記入してください。

(2)「1 働いて得た収入」は、給与、日雇、内職、農業、事業等による収入の種類ごとに記入してください。

(3)農業収入については、前1年間の総収入のみを当月分の欄に記入してください。

(4)必要経費欄には収入を得るために必要な交通費、材料代、仕入代、社会保険料等の経費の総額を記入してください。

(5)2～4 の収入は、その有無について○で囲んでください。有を○で囲んだ収入については、その右欄にも記入してください。

(6)書ききれない場合は、余白に記入するか又は別紙に記入のうえ添付してください。

(7)収入のうち証明書等の取れるもの(例えば勤務先の給与証明書、各種保険支払通知書等)は、この申告書に必ず添付してください。

(8)不実の申告をして不正に保護を受けた場合、生活保護法第 85 条又は刑法の規定によって処罰されることがあります。

■ 給与証明書（表）

給与証明書

福祉事務所長殿

年　月　日

住所
申請者
氏名　　　　　　　　　　印

団体の所在地 名称 代表者氏名（印）	印

次のとおり証明します。

氏名		職名及び職務内容	
居住地			

区分			前3ヵ月分			次回支給見込　月分	賞与
			月分	月分	月分		月　日支給
就労日数(休日出勤を含みます。)			日	日	日	日	
就労時間(休日出勤を含みます。)			時間	時間	時間	時間	
給与額	基本給						
	日給分						
	家族手当(　人)						
	手当						
	手当						
	手当						
	手当						
	時間外手当	時間					
		手当					
	小計(1)		円	円	円	円	円
(裏面へ続きます)							

■ 給与証明書（裏）

給与証明書の続き(裏面)

		月分	月分	月分	次回支給見込　月分	
控除額	所得税					
	市町村民税					
	健康保険料					
	厚生年金保険料					
	雇用保険料					
	労働組合費					
	小計(2)	円	円	円	円	円
差引支給額(1)−(2)		円	円	円	円	円
現品給与	品物					
	数量					

参考	給与の定例支給日(毎月)	日	次回賞与支給予定時期	月
	次回昇給予定時期	月	〃　額	円

注 1この証明書は、生活保護法による保護の参考として、福祉事務所長に提出するものです。

2 事実と違った証明をした場合は、生活保護法第 85 条の規定によって処罰されることがあります。

資産申告書（表）

資産申請書

福祉事務所長殿

年　月　日

住所
申告者
氏名　　　　　　　　印

現在の私の世帯の資産の保有状況は、次のとおり相違ありません。

種類	有無等	内容		
家屋	自家	m2	畳　室 → → →	所有者氏名 所在地
	借家 借間 同居	m2	畳　室 → → →	所有者氏名 所在地 （家賃月額）　　円

			延面積	所有者氏名	所在地
土地	宅地	自己保有	m2（坪）		
		借地	m2（坪）		
	田畑	自作地	m2（坪）		
		借地	m2（坪）		
		貸付地	m2（坪）		
	農地以外の不動産	有無	m2（坪）		

自動車	有無	使用状況	所有者氏名	車種	排気量 年式
自動二輪、原付自転車を含みます。	使用 未使用				

（裏面につづきます）

資産申告書（裏）

資産申請書（裏面）

電話	有無	電話番号	所有者氏名	

有価証券	有無	種　類	額　面	評価概算額
			円	円

各種保険	有無	契約先	契約金	保険料
			円	円
			円	円
			円	円

預貯金	有無	預貯金先	口座氏名	口座番号	預貯金額
					円
					円
					円

現金	有無	円
貴金属	有無	品名
その他、高価なもの	有無	品名

負債	有無	借入先	金　額
			円
			円

著者略歴

田村　宏（たむら　ひろし）

昭和31年生まれ。

慶応義塾大学大学院政策・メディア研究科修了。介護福祉士、ケアマネジャー。

福祉事務所のケースワーカーや介護現場での経験をもとに、専門学校や研修所の講師となる。平成12年より、慶大ＳＦＣ研究所上席所員、平成20年現在、市民福祉サポートセンター（ＮＰＯ法人）理事、嘉悦大学講師、通所介護事業所経営（東京都北区）。

著書として、『これでわかる生活保護制度Ｑ＆Ａ』（ミネルヴァ書房）がある。

絶対にあきらめない　生活保護受給マニュアル

平成20年 8 月 5 日　初版発行
平成22年12月 3 日　2 刷発行

著　者　田　村　　宏

発行者　中　島　治　久

発行所　同文舘出版株式会社
東京都千代田区神田神保町1-41　〒101-0051
営業 (03) 3294-1801　編集 (03) 3294-1803
振替 00100-8-42935　http://www.dobunkan.co.jp

印刷／製本：シナノ
ISBN978-4-495-58071-1
Printed in Japan 2008